南京稀见文献丛刊

莫愁湖志

（清）马士图 撰
吴福林 点校

南京出版传媒集团
南京出版社

图书在版编目（CIP）数据

莫愁湖志 /（清）马士图撰 . -- 南京：南京出版社，2020.5

（南京稀见文献丛刊）

ISBN 978-7-5533-2825-6

Ⅰ . ①莫… Ⅱ . ①马… Ⅲ . ①南京—地方志—清代 Ⅳ . ① K295.31

中国版本图书馆 CIP 数据核字（2020）第 052389 号

丛 书 名：南京稀见文献丛刊
书　　名：莫愁湖志
撰　　者：（清）马士图
出版发行：南京出版传媒集团
南 京 出 版 社
社址：南京市太平门街 53 号　　邮编：210016
网址：http://www.njcbs.cn　　电子信箱：njcbs1988@163.com
联系电话：025-83283893、83283864（营销）　025-83112257（编务）

出 版 人：项晓宁
出 品 人：卢海鸣
责任编辑：严行建
装帧设计：王　俊
责任印制：杨福彬

排　　版：南京新华丰制版有限公司
印　　刷：南京工大印务有限公司
开　　本：890 毫米 ×1240 毫米　1/32
印　　张：3.875
插　　页：2
字　　数：72 千
版　　次：2020 年 5 月第 1 版
印　　次：2020 年 5 月第 3 次印刷
书　　号：ISBN 978-7-5533-2825-6
定　　价：20.00 元

南京出版社
图书专营店

总序

南京是我国著名的七大古都之一，又是国务院首批公布的24座历史文化名城之一。有将近2500年的建城史，约450年的建都史，号称“六朝古都”“十朝都会”。南京的地方文献是中华历史文化资源的一个重要组成部分，是研究我国政治、经济、军事、文化和民风民俗的重要资料。为了贯彻落实党的十九大精神和习近平新时代中国特色社会主义思想，配合南京的经济发展与城市建设，深度挖掘历史文化资源，做好历史文献整理出版工作，不仅有利于传承、弘扬南京历史文化，提升南京品位，扩大南京影响力，也有利于推动物质文明、政治文明、精神文明、社会文明、生态文明协调发展。

长期以来，南京地方文献还没有系统地整理出版过，大量的南京珍贵文献散落在全国各地的图书馆和民间。许多珍贵的南京文献被束之高阁，无人问津，有的随着岁月的流逝而湮没无闻。广大读者想要查找阅读这些散见的地方文献，费时费力，十分不便。为开发和利用好这一祖先留给我们的文化瑰宝，充分发挥其资治、存史、教化、育人功能，南京出版传媒集团·南京出版社与南京市地方志编纂委员会办公室，组织了一批专家和相关人员，致力于搜集整理出版南京历史上稀有的、珍贵的经典文献，并把“南京稀见文献丛刊”精心打造成古都南京的文化品牌和特色名片。为此，我们在内容定位上是全方位、多视角地展示南京文化的深层内涵和丰富魅力；在读者定位上是广大知识分子、各级党政干部以及具有中等以上文化程度的人；在价值定位上，丛书兼顾学术研究、知识普及这两者的价值。这套丛书的版本力求是国内最早最好的版本，点校者力求是南京地方文化方面的专家学者，在装帧设计印刷上也力求高质量。

总之，我们力图通过这套丛书的出版，扩大稀见文献的流传范围，让更多的读者能够阅读到这些文献；增加稀见文献的存世数量，保存稀见文献；提升稀见文献的地位，突显稀见文献所具有的正史史料所没有的价值。

“南京稀见文献丛刊”编委会

导读

《莫愁湖志》六卷，清朝马士图撰。

马士图（1766－？），字宗瓒，号椈村、鞠村，别署莫愁懒渔，晚称无想山人，江宁（今南京）人，诸生。居莫愁湖东，室名松管斋。善画山水、仕女、墨竹，工诗，著有《豆花庄诗钞》《写梅三百咏》。他在志书《自序》中说："予性好游，弱冠时尝西上楚蜀，东泛吴越。……于山，惟爱栖霞之高深；于水，独爱莫愁之幽旷，而南岸为尤胜。"雅好金陵掌故。清嘉庆二十年（1815）秋，编成《莫愁湖志》六卷，并刊刻问世。

该志六卷，原分上下两册。上册，标有卷首，载序、题词、明中山王遗像、莫愁湖图、赋等；卷一，莫愁湖诗借；卷二，山水、关梁、祠庙、古迹；卷三，文考；卷四，画社。下册，亦有卷首，载有郁金堂诗词小引、莫愁小像、郁金堂八景题咏等；卷五，郁金堂诗证；卷六，郁金堂词证；篇末，有补梦一文。为保留原貌，本书正文部分以"上册""下册"做区分。

《莫愁湖志》出版点校本的意义，有以下三点：

第一，在于该志不但是莫愁湖的第一本志书，开启了该湖志书的先河，而且以翔实的资料，定格了莫愁湖号称

"金陵第一名胜"初始阶段的盛况,对莫愁湖盛名远播起了极大的促进作用,更让后人得以认识莫愁湖作为"金陵第一名胜"初期完整的真实面貌。

莫愁湖号称"金陵第一名胜",始于清乾隆五十八年(1793)。22年后,第一本志书问世。一围小湖,何以竟成为山川秀美古都南京的"第一"名胜呢?马士图的回答是:不但湖景美丽,而且视野开阔,可以"旷览",尽收南京四野美景,足当"第一"。莫愁湖近景有八,曰郁金堂、胜棋楼、湖心亭、茭芪塘、渔村、鸭栏、石城渡、九里山,既有人文景观,又有自然野趣;远景亦有八,曰钟阜晴云、石城霁雪、清凉环翠、冶麓幽栖、秦淮渔唱、报恩灯塔、雨花闲眺、牛首烟峦,山水寺塔,目不暇接,南京美景,几可包揽。

第二,该志充分展示出莫愁湖的文化气息,为我们留下了莫愁湖作为"金陵第一名胜"初期的文人诗画活动的详细资料,弥足珍贵。

宣扬地方文化,最难查找、了解的便是地方一时名人。他们对地方的文化贡献是不言而喻的,却因为"名头"太小,而被岁月湮没。这本湖志搜罗了当时众多诗人的诗作,画家的活动,让我们得以知道他们的姓名和作品,真正难能可贵。李尧栋《莫愁湖棹歌》的倡和,盛况空前,使得莫愁湖成为"诗湖"。一个画社社员33人,画惜佚失,而诗却留下,更有每人简介,虽寥寥数语,亦足慰心灵,令他们在书中有一席之地。

第三,于志书而言,该志因湖撰志,而设立篇目,冲破旧志一般樊篱,格局有所创新,可见作者之良苦用心。

此类山水小志,主体一般为以“沿革”纵述历史演变、以“形胜”横写众多景观,再佐以志人、志事和艺文等等。而《莫愁湖志》显然打破了这种传统格局,开头一卷便是莫愁湖诗借,而后又有文考、诗证、词证。全志六卷,此占其四,似有喧宾夺主之嫌。其实不然。要知道,莫愁湖虽小,“公案”却多。全国知名的莫愁湖便有两个,南京一个,湖北钟祥也有一个,这是无可辨驳的客观存在。然而涉及诗文,便有问题,是写南京莫愁湖,还是钟祥莫愁湖?湖之核心人物莫愁女,传说中更有三位,一是南京莫愁女,一是钟祥莫愁女,一是洛阳莫愁女。这些诗文,写的到底是哪位莫愁女呢?于是,自然便出现与一般旧志不同的诗借、文考、诗证、词证,来说明并考证之。

何谓“诗借”?此词实乃马士图之杜撰。因他自己说明,方知“即借图咏(指朱之蕃《金陵图咏》)倡和暨余幼峰(即余孟麟)祭酒《金陵雅游编》内倡和,共得四十八律,列于志首,以标斯湖为金陵第一胜境”。此“借”名家倡和,为小湖生色,标榜“第一”也。

文考,不但引用《康熙江宁府志》、蔡方炳《增广舆记》等典籍,坐实南京莫愁湖的存在,而且书写《金陵莫愁考》和《莫愁非妓辩》二文,为金陵莫愁正名。不论考、辩是否严密,结论是否合理,有“公案”在,就为我们提供了线索和思路。

诗证、词证,实为一般旧志中之题咏,为何名“证”?

马士图在《郁金堂诗、词证小引》中有一段解释："夫'诗、词证'云者，乃历来才子之作，传诵既久，确凿可据。今自我辑而刊之，既证明于已往，兼可释疑于将来。篇后间缀鄙见数言，无非发明作诗之旨，欲使卢家少妇与此湖并传不朽耳。"还是为了证实南京莫愁湖和南京莫愁女的声名。

显然，因莫愁湖的特殊性，而有志书之特殊编排。

惜乎，马士图太爱莫愁湖和莫愁女了，以致借旷览之名拉入过多的远景，诗词中亦混有不少与南京莫愁湖并无关联的篇章，囿于时代的限制和个人掌握资料的局限，未能明确地溯源莫愁湖之成因、湖名源自何时，准确地指出真正的第一首南京莫愁湖湖诗，亦不忍指出南京莫愁女实乃虚拟的文学形象。于古人虽不可苛求，而今之读者却不可不察。

马士图《莫愁湖志》，有清嘉庆二十年(1815)刻本、清光绪八年(1882)重刻本、光绪十七年(1891)刻本、民国二十二年(1933)南京翰文书店铅印本(题为《金陵莫愁湖志》)。今人吴小铁编纂《南京莫愁湖志》(中央文献出版社2005年11月版)亦收有此志，题为《金陵莫愁湖志(点校本)》。

此次点校，以"清光绪壬午(1882)六月重锓"本为底本，以清嘉庆二十年(1815)松管斋全集本参校。

限于学识，疏漏错误之处，敬请方家指正。

吴福林

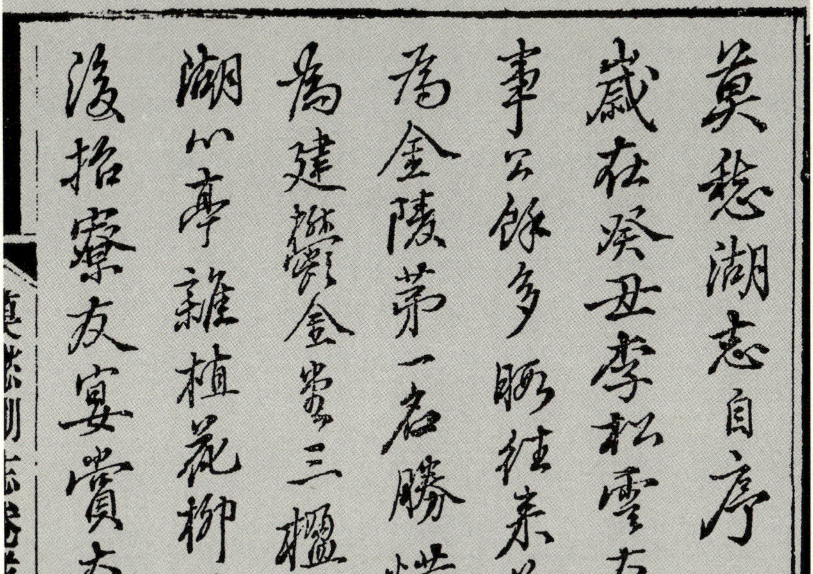

莫愁湖志自序

歲在癸丑李松雲太史出典江寧郡事公餘多暇往來莫愁湖上輒觴爲金陵第一名勝惜其傾頹捐俸爲建鬱金堂三楹又於堂西補築湖心亭雜植花柳以仍其舊觀成後招寮友宴賞太史先賦櫂歌二

莫愁湖志卷首 自序 一

《莫愁湖志》书影

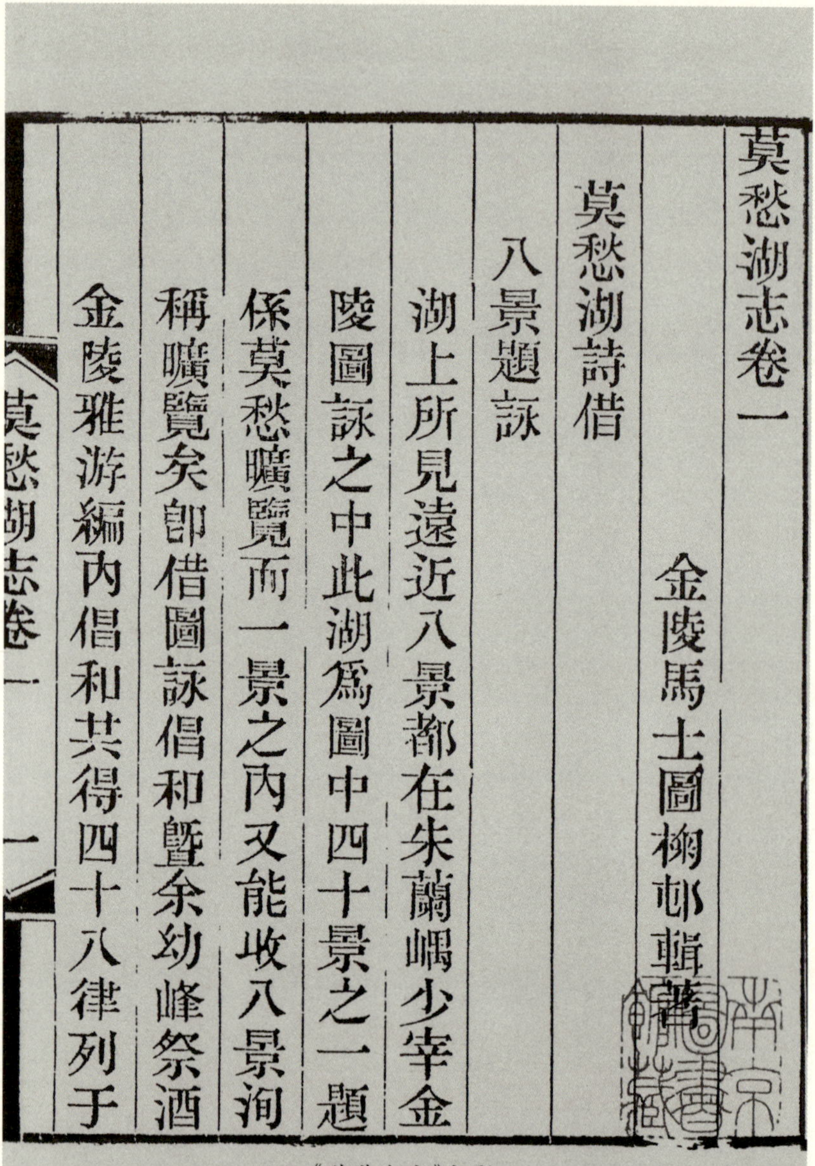

莫愁湖志卷一

金陵馬士圖栩邨輯著

莫愁湖詩借

八景題詠

湖上所見遠近八景都在朱蘭嵎少宰金陵圖詠之中此湖爲圖中四十景之一題係莫愁曠覽而一景之內又能收八景洵稱曠覽矣卽借圖詠倡和曁余幼峰祭酒金陵雅游編內倡和共得四十八律列于

莫愁湖志卷一　一

《莫愁湖志》书影

目　录

上册

下册

上册

莫愁湖志自序

岁在癸丑，李松云太史出典江宁郡事，公余多暇，往来莫愁湖上，辄称为金陵第一名胜。惜其倾颓，捐俸为建郁金堂三楹，又于堂西补筑湖心亭，杂植花柳，以仍其旧。落成后，招僚友宴赏，太史先赋“棹歌”[①]二十首，以示与民同乐之意。自此，公卿士女争和于湖上者无虚日。斯湖之名，遂因太史而益彰矣。予性好游，弱冠时尝西上楚蜀，东泛吴越，每遇名山大川，留连不忍去，又必形诸吟咏，以志清兴。既而游倦归来，躬耕三山二水间，农隙即按“府乘”所载“四十景图”而遍游之。于山惟爱栖霞之高深，于水独爱莫愁之幽旷，而南岸为尤胜。方之明圣，宛在西泠；近对清凉，俨横葛岭。更添江北诸峰，青来九里，练光帆影，隐现林梢。袁简斋太史“棹歌”[②]云“但觉西湖输一着，江帆云外贴天飞”，似有过之无不及也。前朝盛贡士时泰著有《摄山志》《牛首山志》，惜皆藏本，世未多见。往年，

① 诗名全称为《乾隆癸丑初夏，重修莫愁湖，棹歌二十首》，见后《郁金堂诗证》，下册中亦有李之“棹歌”，同此，不再加注。

② 此诗，在后文《莫愁湖诗借·后八景题咏》中，名为《石城渡》之和诗；在《莫愁湖风雅集》中，名为《和松云太守莫愁湖诗二十首》。

吾乡诗人陈古渔毅亦著有《摄山志》行世。因思所爱之山，已有先我而志者矣，所爱之水，千百年来独无志之者，或者有待于予乎！爰不揣固陋，用辑往事，考证诗文，绘图标景，各纪其实，都为六卷，刊而行之。虽卷帙无多，不及《西湖志》之裒然盈天，而南国佳人于今宛在，肯让淡妆浓抹者之千秋独步也哉！

嘉庆乙亥季秋摘邨马士图书于松管斋[1]

---

① “自序”为手书，后有印两方，一为“士图”，一为“无想山人”。

莫愁湖志题词

满江红乙亥秋宣城署斋题寄

作赋雄才，笔如椽，声逾金石。抽余绪，幽寻湖上，志成双册。近与栖霞分胜境陈古渔著《摄山志》，远同明圣争名迹。问传真，辨误底多情，扬巾帼。

搜珠玉，皆诗伯。披锦绣，铙[1]词客。证山围潮打，周遭故国。绛帐马融书易著，北楼王粲愁难释。最称奇，感梦郁金堂，神先格。

山阳秋舲黄钰题

金缕曲

忆昔河中句。纪芳龄，于归追吉，卢家新妇。汉水先闻卢氏女，舞袖歌喉事楚，恰同把莫愁名著。好事何人矜附会？为竟陵曾认金陵误。观此志，皎然据。

白狼河北征人戍。纵今[2]堂，余香未歇，玉颜怎驻？名借相如传不朽，迹近蟠龙踞虎，引多少游人来去。露冷莲房红坠粉，叹金钗十二无寻处。渔艇过，起鸥鹭。

江宁漱石鲍淳题

① 嘉庆本作“饶”。
② 嘉庆本作“金”。

香草何从问郁金，红羊小劫有升沉。
盈盈一掬南朝水，苦费郦生作注心。
湖上楼台湖外花，都教收拾与卢家。
苧萝信有夷光住，也许嬉春到若耶。
浪迹谁曾识马周，照人双鬓雪盈头。
固应自纂国经[①]后，高卧江东作壮游。
青溪风月蒋山烟，也累搜罗手自编。
今日开函难忍俊，又输一著让君先。

余方纂《秦淮画舫录》《钟山志》未成。

上元秋舫车持谦题

骑罗香[②]

吊古情深，探幽癖惯，镇日平章红袖。一碧名湖，不许洛阳还有。抽翠管，赋重美人；选青钱，诗罗名宿。更羡他，图绘风流，恁般才学识难朽。

冥冥良晤水国，梦里云鬟乍出，来酬缘厚。替重声名，一洗千年疑窦。贵茧纸，恩到蛾眉；重鸡林，技探骊手。更何时，艇系烟丝，与君同酹酒。

江宁兰坪吴藻题

① “国经”，嘉庆本作“图经”，应是。
② 嘉庆本作“绮罗香”，应是。

莫愁湖序

马士图

莫愁湖，在江宁省会石城门西，因六朝刘宋时卢莫愁居此，故名。尝考历代诗词，惟泛咏佳人莫愁，而不及于湖。至元人叶天民有《莫愁烟艇》诗，而湖始著。明人诗词渐有莫愁湖名，有[1]因为中山王别墅，所以游屐罕到。至国朝，咏是湖者始多。嗣经李松云太守重为修建，遂称“金陵第一名胜”，而留题者终岁无虚日。亦犹西子湖，未遇白、苏之前，而人罕知其为名湖也。湖之显晦，岂真有数存耶？

湖周回约十余里，碧波见底，深处寻丈许。环以岸柳汀卢[2]，旁植红白莲花，鱼虾可数，鸥鹭无猜。湖外皆高原平畴，僧舍渔村。大江南北，诸峰并列。东岸一堤之隔，即城河。近无崇岗峻岭，瀑布奔泉；时有积雨行潦，三路归湖。涨则自泻入河，不致泛滥；或遇大旱欲涸，又可引入河水养鱼。所以雨不劳[3]、旱不竭也。传闻明祖与中山王赌棋于此，诏以湖为汤沐邑。至今，湖租尚归徐氏。平时，惟小艇数叶往来巡探。或有欲泛湖者，必先致主人，负秦淮画舫入湖。留连风景，不能久

① 嘉庆本作“又”。
② 嘉庆本作“芦”。
③ 嘉庆本作“涝”。

也。每值岁晚，徐氏招渔户就湖中捕鱼，雪片银花，照耀网罟，最为大观。予家近湖之东，一举足便到郁金堂上。今喜《莫愁湖志》编成，对景绘图，刊列卷首，并缀湖序于前。

明中山王遗像

莫愁湖赋

马士图

观夫山围故国，楚尾峰多，江抱名湖，吴头水折。神龙蟠雉堞，东瞻钟阜之晴云；猛虎踞蛟潭，北指石城之风雪。金钟卧清凉之麓，宫暑敲残；石鼓悬牛首之巅，天阴鸣彻。据南朝之胜境无双，较西子之里湖莫别。

昔有卢家少妇，小字莫愁，机停洛水，缡结昇州。颜羞桃李之花，天生艳冶；性具松篁之操，态自温柔。莺羽分黄，堂上之郁金色炫；燕毛添紫，梁间之玳瑁光浮。镜挂珊瑚，红侵半颊；箱擎丝履，香袭平头。至若峰云浓起，遥窥雅[1]鬓初蟠；岚翠轻横，乍认蛾眉未扫。倚栏之柳腰自瘦，舞态轻盈；贴波之莲脸偏低，涤妆静好。霞光忽灿，疑机中之织绮才成；帆影遥飞，盼江上之归舟不早。音断白狼河北，雁怯秋寒；眼穿丹凤城南，柳伤春老。则有湖心亭起，波面栏悬；鲤鲂飞雾，鸥鹭栖烟。词客多情，泛到卢姬妆阁；榜人有力，负来桃渡灯船。遏云之箫管齐吹，其人似玉；赊月之壶觞频送，有酒如泉。爱听玉树歌声，都忘吊古；喜入莲华世界，何用参禅。无如青春未遇，盐骥鸣悲，白发无私，

① 嘉庆本作“鸦”。

隙驹过快。

望乌衣之旧巷，燕垒难寻；问孙楚之高楼，洒[1]垆不卖。酹金杯而剪纸，痴为美人之招；系锦缆而登楼，甘下将军之拜。维是湖赐知章，万乘之棋枰未朽；官逢太白，千年之兰室增辉。乾隆癸丑，李松云太守重建郁金堂。想盖世之勋猷，何殊一局；怜倾城之色笑，不下重帏。燕颔虎头，自古庙廊岂乏；兰心蕙质，由来闺阁偏稀。地以人传，幸借千秋之名字；人同景丽，群钦六代之芳徽。

① 嘉庆本作“酒”，应是。

莫愁湖志卷一

金陵马士图楩邨辑著

莫愁湖诗借

八景题咏

湖上所见远近八景，都在朱兰嵎少宰《金陵图咏》之中。此湖为图中四十景之一，题系《莫愁旷览》。而一景之内又能收八景，洵称旷览矣。即借《图咏》倡和暨余幼峰祭酒《金陵雅游编》内倡和，共得四十八律，列于志首，以标斯湖为金陵第一胜境。

朱、杜两太史倡和

钟阜晴云

明状元朱之蕃兰嵎，江宁人

蟠龙天矫溯江流，毓秀凝祥灿未收。
地拥雄图沿六代，天留王气镇千秋。
迎将东旭朝光丽，映带明霞暮霭浮。
定鼎卜年绵帝祚，茏葱秀色绕皇州。

和原韵

陪京奉常杜士全完三，云间人

一龙蟠据饮江流，有滃云蒸郁未收。
借日光华常烂熳，随风舒卷自春秋。
鼎湖势与三山壮，灵鹫晴看五色浮。
应是骊颔嘘淑气，寻常氤氲绕皇州。

石城霁雪

朱之蕃

城乌啼彻晓光新，延伫千林皓彩匀。
虎踞苍崖增白额，龙蟠金阙换银鳞。
江天顿改寻常色，卢井都无一点尘。
八表晶莹疑合璧，翩翾[1]鹤驭集群真。

和原韵

杜士全

江城雪色晓逾新，皛皛寒光入望匀。
二水波平洲尽鹭，六朝松老玉为鳞。
桥边策蹇俄成咏，陌上飞鞚总绝尘。
御气欲熏晴日丽，瑶林在在恍疑真。

① 疑为“翾”字。

清凉环翠

朱之蕃

几度探奇历翠微，四山环列锦屏围。
吟风乔木堪祛暑，浴日晴江远借辉。
殿址久湮滋径藓，斋厨新供采山薇。
观空自识清凉意，一片闲云伴鹤飞。

和原韵

杜士全

矫舄凌空蹑翠微，群峰罗列俨重围。
吟风台榭消烦郁，印月蒲团冷夕晖。
竹屿暗藏飞鸟道，僧家供具北山薇。
市廛不远红尘隔，一任云中锡杖飞。

冶麓幽栖

朱之蕃

铸成龙剑启仙都，日奏云璈御六铢。
雉堞消磨荒瑞草，瑶台幽寂暖丹炉。
韬光铲彩游尘界，抱一含元隐玉壶。
东麓飞霞通帝座，倘分沆瀣涤几[①]夫。

① 几，嘉庆本作“凡”，应是。

和原韵

杜士全

五岳何然在帝都，红尘飞不到衣铢。
吹笙夜冷缑山月，煮石春融铸剑炉。
何必虚空游碧落，即常清净是冰壶。
当年王谢存遐想，勇退从来大丈夫。

秦淮渔唱

朱之蕃

疏凿虽劳利永存，清溪曲折贯重垣。
风和岸柳堪邀笛，月满莲舟好泛尊。
自可乘流歌濯足，何须晒网住江邨。
纶竿寄兴浑忘得，为谢游鳞莫避喧。

和平①韵

杜士全

王气冲霄凿后存，为谁设险堑维垣。
回波暗咽秦时雨，邀笛争开晋代罇。
风送鱼舟藏密柳，月移欸乃起前邨。
皇都春霭桃源在，钓叟乌知有市喧。

① 平，嘉庆本作“原”，应是。

报恩塔灯

朱之蕃

阿育威光遍八垓，浮图惟此独崔嵬。
千灯接焰明京国，九级凌空傍斗台。
耀日法轮宏圣代，含灵舍利锡如来。
中宵映彻中天月，好共瞻依瑞相开。

和原韵

杜士全

雁塔长明照远垓，纍层九转合尖嵬。
乍看大树凌霄汉，忽讶繁星散碧台。
震旦传灯宁待旦，如来舍利忽飞来。
迷途自此成真觉，总赖皇慈大愿开。

雨花闲眺

朱之蕃

座上高僧演鹿车，缤纷天女散昙华。
山含宝气无乔木，地擅灵区逗彩霞。
一片江光悬树近，万家烟火绕城斜。
青罇未罄舒游目，遥见前林集暮鸦。

和原韵

杜士全

法师趺坐演三车，天向平台散五华。

江上白波横匹练，山间紫气涌层霞。
谁从琪树知僧腊，强半春风度狭斜。
回望茂林修竹处，夕阳影里落飞鸦。

牛首烟峦

朱之蕃

天南双阙势崔嵬，遥送清芬扑面来。
百折千盘纡磴道，峰腰崖顶叠楼台。
微云欲起轻阴转，片月初升积翠开。
对岭启窗看变态，依稀蜃气接蓬莱。

和原韵

杜士全

双峰雄峙两巍巍，平楚苍茫入望来。
磴绕千盘凌叠巘，树高百尺荫香台。
浮屠缥缈丹霄矗，绛阙嶙峋碧汉开。
呼取一樽收万象，帝京咫尺有蓬莱。

余、焦、朱、顾四太史倡和

钟山

榜眼余梦麟[1]幼峰，江宁人

原庙中峰里，孱颜入翠微。

① 据下文，当作余孟麟。

百灵朝绛节，五祚阏珠衣。
皋路云霞拱，山庭兕象围。
千年佳气绕，草木日芳菲。

和

状元焦竑弱侯，上元人

名山雄帝里，原庙枕神皋。
龙虎标形胜，弓刀护寂寥。
云深霾剑履，时至荐樱桃。
王气千年在，灵祇夜夜朝。

和

状元朱之蕃兰嵎

嵯峨地轴重东隅，阜拥蟠龙得奥区。
壁立海天蒸秀色，横支江汉壮规模。
双栖猿鹤惭逋客，六代簪缨谢帝都。
松桧阴森增紫翠，长培丰芑[①]奠皇图。

和

探花顾起元太初，江宁人

青霄双岫劈芙蓉，王气长将紫翠封。
地转东南回二水，天横江海出千峰。

① 原字为□，即今之“芑”字。

龙蟠远揖秦关险，虎卫深环汉寝重。
一自神都开奠丽，万年形胜此朝宗。

清凉山

余孟麟

峥嵘藏佛窟，迢递俯神州。
僧磬冲云出，江帆挟郭浮。
一堂开雁字，六代驻龙斿。
依旧胭脂井，桃花带雨流。

和

焦竑

精舍何年筑，高台袅袅孤。
烟岚收紫极，气色览皇图。
飞鸟还哀郢，吞江讵赋吴。
只应游息地，流恨满平芜。

和

朱之蕃

高亭四望占清嘉，览胜逃禅思共赊。
谢客疏狂同野鹿，远公香供足胡麻。
霞迎落照三千界，烟锁环城十万家。
宝地阳和回自早，枫林醉眼眩春花。

和

顾起元

翠微山倚石头傍，径转峰回接上方。

宫井辘轳滋藓碧，讲坛瓴甋翳苔苍。

窗明洞雪经春冷，门掩厓松驻月长。

避暑漫言河朔会，茶瓜堪借己[①]公房。

冶城

余孟麟

凭高望真气，仙苑郁嵯峨。

铸剑城何在，悬壶客屡过。

雌雄跃冶后，风雨化龙多。

莫漫悲禾黍，长江急逝波。

和

焦竑

洞宫开福地，行散自透[②]迤。

巘崿供清眺，亭台狎翠漪。

星坛月影度，药圃露华滋。

望望三花树，游仙若可期。

① 嘉庆本作“巳”，应是。己公，人名。杜甫有诗《巳上人茅斋》，有句云“枕簟入林僻，茶瓜留客迟”。顾起元诗句借用也。巳公，即巳上人，为杜甫友人，余不详。上人，指高人，或高僧。

② 嘉庆本作“逶”，应是。

和

朱之蕃[①]

江东割据阻强兵，干镆犹专绝代名。
响掣风雷争叱咤，光摇星斗倍峥嵘。
龙精化去遗炉冶，鹤驭归来变市城。
清世不须谈剑术，仙坛时听步虚声。

和

顾起元

元圃虚闻大海东，冶城佳气更茏葱。
疏峰别抗蜚廉馆，列宿低垂太乙宫。
过雨琼芝生碉壑，含风玉树隐房栊。
步虚夜向清霄听，身在红云紫雾中。

桃叶渡

余孟麟

桃叶正宜春，江南燕子新。
凉风吹浪影，暝雾浥花尘。
斗伎当场客，回波顾曲人。
蛾眉不解别，只恨艳阳辰。

① 嘉庆本有“朱之蕃”三字，此本漏刻，补上。

和

焦竑

吾闻王内史，落日渡河滨。
花坞飞瑶札，兰舟载玉人。
雕奁回曲岸，彩袖隐平津。
珍重扳欢意，能无写洛神。

和

朱之蕃

种桃仙客领春多，叶密根蟠奈乐何。
江水渡来迎峤[①]柳，越山遥望锁烟萝。
芳华常注溪光满，逸调犹传鸟韵和。
短棹去留皆自适，临流那复怅横波。

和

顾起元

杨深夹岸乱栖鸦，渡古横波晚飐花。
潮势涨云低亚树，城根漱水曲笼沙。
桥回春肆风旂闪，槛合秋窗月幕遮。
吊古漫吟桃叶句，乌衣燕子向谁家？

① 嘉庆本作“岍”，岸的异体字。

青溪

余孟麟

宛然衣带水，委折七桥浮。

苹蓼吹风过，楼台压日流。

金罍邀雀舫，玉树杂渔讴。

此地称佳丽，烟波傲十洲。

和

焦竑

完[①]转青溪步，扁舟曲曲通。

竹烟笼罨画，花雨澹冥濛。

艳雪歌蝉堕，澄金酒蚁空。

良游不知倦，遥夜水云中。

和

朱之蕃

欲访仙踪祠殿空，当年鼎族竟谁雄？

埭头自绕盈盈水，曲里时生淡淡风。

岸柳摇花迷画栋，溪桥抱日饮晴虹。

繁华今古那堪纪，只付鱼簑酒旆中。

① 嘉庆本作“宛”。

和

顾起元

溪流如带引青罗，晲[1]日轻移画舫过。
石荧云花摇树晚，风香水叶荡苹多。
渔人尚指江淹宅，商女犹传子夜歌。
漫倚檀桥倚栏望，苍茫宫月下江波。

长干里

余孟麟

浦口乌衣巷，航头白板扉。
野花迎日放，江燕掠芹飞。
潮起双虹饮，城严百雉围。
春风吹绮陌，游侠醉忘归。

和

焦竑

长干古阡陌，佳丽擅名都。
花月三春暮，衣冠六代余。
桥星随宝马，檀雾杂巾车。
丝管淹良夜，严城钟漏徂。

① 嘉庆本作“晲”。

和

朱之蕃

长衢十里带河流，甲第连云忆列侯。
花草春风山色在，夕阳岚彩暮钟收。
踏歌红雨香尘缓，独访青帘野径幽。
我醉入城门尚启，天街明月映灯篝。

和

顾起元

长干曲曲抱江流，上日城南忆胜游。
陌旷金羁迷叱拨，楼高玉树倚箜篌。
官桥水抱云帆净，野寺峰衔石镜幽。
总为探春情未极，不妨鸣柝更淹留。

雨花台

余孟麟

携杖看朝霭，焚香坐夕曛。
花飞长作雨，岫出不归云。
天远低于幕，江围窄似裙。
一峰台殿外，梵呗隔氤氲。

和

焦竑

南郭高台迥，乘春数散愁。

雨余千嶂立，树杪一江流。
地拥莺花胜，情兼水石幽。
角巾差自得，端合老林邱。

和

朱之蕃

跏趺僧宝演三车，片片青莲坠齿牙。
陵谷依然存幻迹，尊罍常自送年华。
江流木杪遥悬练，烟火城隅近笼纱。
落日西沉钟磬发，林香疑更散天花。

和

顾起元

高台斜枕帝城边，登眺无如此地偏。
塔影挂江晴荡日，城阴笼树晚含烟。
高吟共喜扪萝上，长醉尤宜藉草眠。
风过生香林外发，只疑花雨散诸天。

牛首山

余孟麟

双峰天作阙，万壑石为林。
伏腊栖禅地，烟霞出世心。
向龛悬塔影，当路匝松阴。
经诵声初罢，星河小阁沉。

和

焦竑

龙藏烟萝闷，牛山殿阁幽。
夜凉僧梵歇，地迥佛灯流。
树影兼云合，林香过雨收。
平生飞动意，何幸得淹留。

和

朱之蕃

出郭看山信宿留，溪回径转白云稠。
千寻古木横空秀，百级悬崖背日幽。
眩目庄严迷石骨，惊魂徒[1]倚度峰头。
回瞻双阙江流绕，不断茏葱瑞霭浮。

和

顾起元

嵬峨双阙引丹梯，渺渺杉松入望迷。
灵刹孤悬青嶂迥，香台危瞰白云低。
石屏日午僧犹卧，谷树风狂鸟不归。
十载东林游赏意，京尘回首愧岩栖。

① 嘉庆本作“徙”。

后八景题咏

前八景系借明代诸公题咏，而远景居多。读《风雅集》[1]李、袁两太史倡和“棹歌”，内多近景，仍各借八截，以补前八景所未及，合六十四首。真如五色争辉，八音恊[2]奏也。

李、袁两太史倡和

郁金堂

江宁太守李尧栋松云，山阴人

乐府谁家唱阿侯，洛阳风景逊昇州。
生憎湖水千年碧，只洗繁华不洗愁。

和

江宁明府袁枚简斋，钱唐人

造成精舍托山僧，李白王维各署名。
似比郁金堂更好，莫愁何事不重生？

胜棋楼

李尧栋

凤台园已寺门荒，十庙鸡鸣画壁亡。
留得一湖汤沐邑，不随棋局换沧桑。

---

① 全称为《莫愁湖风雅集》。
② 嘉庆本作“协”。古有“恊”字，此应为“协”字。

和

袁枚

一代元勋异姓王，弹棋赌得小沧浪。
算来还是卢家福，世世王孙替管庄。

湖心亭

李尧栋

楼奉中山异姓王，亭当少妇郁金堂。
但教香火因缘在，儿女英雄孰短长？

和

袁枚

八月满湖秋水生，湖边女儿趁月明。
阿嫂弄篷姑汤[1]桨，不管景阳钟几声。

茭菰塘

李尧栋

茭菰塘里芦花飞，茭菰塘外鱼苗肥。
积起葑泥占湖面，北圩田似水田衣。

---

① 与“荡”通，嘉庆本作“盪”，即“荡”。

和

袁枚

一片琉璃百顷铺，千年红粉变青蒲。
渔郎高唱淘沙曲，扑得金钗半股无？

渔村

李尧栋

渔兄渔弟输渔税，尚属前朝魏国家。
传说君臣闲赌墅，子孙犹自向人夸。

和

袁枚

劝种芙蓉待发花，劝栽杨柳好栖鸦。
可知一带临湖地，原是齐梁卖酒家。

鸭栏

李尧栋

城上乌啼月落迟，卖鱼人坐小瓜皮。
比邻更恼僧寮静，临水家家养鸭儿。

和

袁枚

红拂何妨伴卫公，武宁遗像供当中。
英雄放下擎天手，游戏来弯射鸭弓。

石城渡

李尧栋

风芦聒聒草萋萋，隔断江潮只一堤。
可惜石城多艇子，无人划入碧琉璃。

和

袁枚

欲将西子西湖比，难向烟波判是非。
但觉西湖输一著，江帆云外拍天飞。

九里山

李尧栋

东望钟山翠幛开，南看木末雨花台。
隔江九里山明灭，也逐风帆叶叶来。

和

袁枚

眉峰掩映夕阳西，回首妆台梦渺迷。
剩有梁间新乳燕，哑哑还学阿侯啼。

莫愁湖志卷二

金陵马士图椈邨辑著

山水

湖南路进[1]三山门大道

牛首山 在府南，旧名牛头山。有二峰，东西相对，望如牛角，佛书所谓“江表牛头”也。晋元帝初，作宫殿城闉，郭璞曰：“阙，不便。”王导指双峰曰：“此天阙也。”故又名天阙。上有昭明太子饮马池。池傍，怪石偃侧，下空上合，形似石鼓，天阴欲雨辄自鸣。连接祖堂献花岩，即唐时懒融坐禅，百鸟献花于此。

雨花山 在府南聚宝门外，据冈阜最高处。梁武帝时，有云光法师讲经于此，感天雨赐花，天厨献食，故以名台。台上浅草如茵，无一杂树。登其巅，则江光日彩与四眺林峦烟火交相映带。游人车骑骈集，终岁殆无虚日。

三山门城河 即濠与淮流合。

湖北路至石城门一里

清凉山 在石城内。下有南唐清凉广惠禅寺。山顶有翠微亭，亦南唐所建；又有不受暑亭，乃李后主避暑殿。昇

[1] 嘉庆本作“近”，应是。

元中，为文益禅师道场。寺中有东坡舍弥陀像，又有董羽画龙、李后主八分书、李霄远草书，为三绝，今不复存。寺右有扫叶楼，相传明末画士龚贤隐于楼畔。

小仓山　在城内。袁随园太史隐于此。

钵盂山　城内虎踞关北。山南有四松庵。

石城门城河

北圩　内多渔村、菱藕塘。

茭瓜塘

中山王湖田　九十亩。

湖东路至三山门半里

钟山　在府治东北。汉末，有秣陵尉蒋子文逐盗遇难，吴大帝为立庙，封曰“蒋侯”。因避祖讳，改钟山之名口[①]蒋山。南北并连，山岭其形如龙，故武侯称为“钟山龙蟠”。自梁以前，寺至七十余所之多。又名金陵山，“道书”所谓“朱湖大生洞天”也。《金陵地记》云：“秦始皇埋金玉杂宝于钟山，以厌天子气。其后，宝物之精上见，时有紫气，俗呼为紫金山。”

冶城　在府城内。即今朝天宫道院。本吴王铸剑之地，故名。晋谢安与王羲之同访冶城，悠然遐想，有超世之志。卞忠贞墓在其右麓。明高士史痴翁家于山下，有卧痴楼，故址尚存，今名史墩。

① 当为“曰”字之误刻，嘉庆本即作“曰”。

秦淮　秦始皇东巡会稽，经秣陵，因凿钟山，断长垅，以疏淮水，本名龙藏浦。上有二源，自句容、溧水来，合[①]方山埭，西注大江。因秦所凿，故名秦淮。今与青溪合流，自西水关出，注于江。又桃叶渡在秦淮口，通龙光河。晋王献之爱妾桃叶曾渡此，大令作歌送之。

三山门城河　即淮水。出西关合流。

湖西路至江东门二里

九里山　在大江北青绕湖边。昔韩信、项羽用兵处。

江东门新河

大江

关梁

湖南路

驯象门

塞洪桥

湖北路

石城门

石城桥

① 此处似漏刻一“于”字。

湖东路

三山门 又名水西门。

西水关

觅渡桥

湖西路

江东门

江东桥

高子巷 系米市。

祠庙

湖南路

郁金堂 临水面北，在华严庵内，与胜棋楼相通。

胜棋楼 面南，在华严庵内。

湖心亭 在郁金堂左，华严庵内。

华严庵 殿宇数十间，后为胜棋楼，明太祖赐额尚存。上供徐中山王画像。楼前松柏摩霄，梅棠抱月。楼后相传为郁金堂故址。乾隆癸丑，山阴李松云太史来守江宁，重构此堂，中供卢莫愁画像，亲撰楹帖云："早因少妇金堂艳，新借名公彩笔传。"又重筑湖心亭，添植垂柳，红、白莲花，令僧恒峰守之。

观音庵

大王庙

雷公庙

王家牌亭

玉皇阁

报恩寺塔　明永乐十年建。九级，高百四十丈，五色琉璃合城[1]，顶冠黄金，照耀云日。江山城郭，悉在凭眺中。篝灯百二十有八，燃炷无虚夜。数十里中，风铎相闻，星光烱灼，为天下第一塔。

湖北路

天仙庵

湖东路

普惠寺　在觅渡桥右。殿宇数十间，后临河。今为客商贮货之所。

湖西路

江宁县节孝祠

明黄侍中祠　名观。逊国后，自沉罗刹矶。夫人翁氏，诏给配象奴，不辱，与二女俱赴大市桥下死。其塚，即在祠傍。

① 嘉庆本作“成”，应是。

古迹

湖南路

屈大均宅　翁山，南海人。明末流寓湖上。相传南岸旧宅，今为菜畦。

麾扇渡　府南。晋陈敏据建业，军临大航岸。顾荣以白羽扇挥之，其军遂溃，因名。

昇元阁　今名瓦棺寺，分隔在城内。西晋时，地产青莲两朵，闻之所司，掘得瓦棺开，见一老僧，花从舌根顶颅出。询及父老，曰："昔有僧诵《法华经》万余卷，临卒遗言，命以瓦棺葬于此地。"寺有陈后主羊车一轮，武后裙一幅，锦制，绝工。又修讲堂，匠人于鸱吻中得王右军《告誓文》一纸。今皆不可复见矣。古设陶官于此，故又名瓦官寺。

乌衣巷　府城南。王导、谢安渡江来，同居此巷。其子弟皆乌衣，故名。巷口为朱雀桥，今分隔在聚宝门外。其冈阜层叠，形胜犹存。

凤游寺　在凤凰台之右，台属寺内。明焦太史竑立石为记[①]，载宋元嘉间，有三异鸟集此山，乃筑台，因以为名。顾太史起元凿池，立放生碑于台下。惜今台池皆废。

湖东路

孙楚酒楼　府西。李青莲尝觞月于此。相传故址近普

① 记名：《重建凤游寺碑记》。

惠寺。

赏心亭 在秦淮上。宋时丁谓建。谓陛辞之日，真宗出周昉所画《袁安卧雪图》付谓，曰：“卿至金陵，可选一绝景处张之。”谓遂张此。相传亭址约在今西水关左右。

张丽华墓 在赏心亭大井中。时有白光如匹练，掬之似水银，不久流散矣。

王处士水亭 瓦官寺北，即陆机故宅。

来宾楼 驯象门东北，洪武时建，即宋丰裕楼基。

重译楼 在驯象街西南，与来宾楼相对。

鹤鸣楼 三山门外，中街北。

醉仙楼 在三山门，中街南。

湖西路

集贤楼 瓦屑坝西。

乐民楼 在集贤楼北。

轻烟楼 江东门内南街。

淡粉楼 与轻烟楼相对。

柳翠楼 江东门内北街。

梅妍楼 与柳翠楼相对。诸楼皆洪武初建，每楼六楹，高基重檐，栋宇宏敞，各颜以大书名匾，为客旅游憩之所。并处官妓，柔远之道其备至无遗焉。城内仍有南市、北市、讴歌、鼓腹四楼。永乐中，晏铎《金陵元夕》诗“花月春风十四楼”，今皆废。

白鹭亭 府治西南，踞城瞰白鹭洲潮。今亭已久废。

城下有折柳亭，宋张乖崖建，为送客之所。今城既改旧治，亭亦废没。

湖北路

石头山 在城西，即楚金陵邑。吴、晋时，江在石头下，为险要必争之地。上筑城，以心腹大臣守之。明都城皆据冈垅之脊。下有龙洞，后有驻马坡。诸葛武侯尝驻此以观形势。上有烽火楼，久废。

蚵蛂矶 在城西。《南唐书》云：汪台符上书，陈民间利病十余条。烈祖善之。而宋齐邱疾其才，因使亲信诱台符痛饮，推沉石城蚵蛂矶下。

长命洲 在石头城前，梁武帝放生之所也。

投书渚 石头城北。晋殷羡为豫章太守，赴郡，人多附书。至石头渚，以书掷水中，祝曰："沉者自沉，浮者自浮，殷洪乔不能作致书邮。"

莫愁湖志卷三

金陵马士图椈邨辑著[1]

文考

《康熙江宁府志》 莫愁湖，在三山门外。相传旧有伎卢莫愁居此，因名。明为中山王园。注云：对莫愁湖有五显庵，临河水槛，周以高柳，为途人小歇脚，极幽胜。《县志》云：楚有石城，莫愁居之，故因“古乐府”而误。顾启[2]元又引唐吴融诗云“莫愁家住石城西”。今湖甚迩石城，故《县志》辩其仍在金陵是也。但梁武帝诗云“洛阳女儿名莫愁，十五嫁作卢家妇”，未知即此莫愁否？有诗，皆载《诗证》[3]。

又，《府志》[4]高岑绘四十景图注云：莫愁湖，在三山门外之右偏，去城甚近。昔有卢莫愁家此，故以名湖。钟阜、石城横亘于前，江外诸峰遥相映带，称胜地焉。

《乾隆江宁县志》 莫愁湖，在三山门外，相传卢莫愁居此。注云：明为中山王园，为城西胜处。对湖有五显庵，临河水槛，周以高柳，为途人小歇脚。夏月，荷芰香

---

① 嘉庆本有“金陵马士图椈邨辑著”，光绪本漏刻，今补上。
② 为“起”字之误刻。
③ 全称为《莫愁湖诗证》，见后文。凡此，不再加注。
④ 此府志，即上述《康熙江宁府志》。

数里。

蔡方炳《增广舆记》 江宁县莫愁湖，在三山门外。昔有卢莫愁家此，故名。

又，湖广安陆府，汉竟陵地。石城，晋羊祜建。汉江西，有莫愁村。

注云：卢家有女名莫愁，善歌舞，尝召入楚宫。

余孟麟《金陵雅游编》 莫愁湖，三山门外。有卢莫愁家此，故名。今中山王孙据为亭榭，参置花楥竹障，瞰湖一楼，规制亢爽。钟山横亘，连带江外诸峰，山光与湖光相接。湖心一亭，拏舟送酒，以表往代风致焉。倡和诗，载《诗证》。

朱之蕃《金陵四十景图咏》 《莫愁旷览》注云：在三山门外之右偏，去城甚近。昔有卢莫愁家此，故以名湖。据湖滨一望，则钟阜、石城横亘于前，遥与江外诸峰相映带，山色湖光荡漾几席间，最为空旷平远。中山王孙置楼近水，构亭湖心。诗载《诗证》。

杜士全《春星堂集》 莫愁湖，在三山门外。昔有卢莫愁家于湖滨。一望钟山，与江外诸峰自相映发，应接不暇[①]。诗载《诗证》。

余宾硕《金陵览古》 石城门[②]，望莫愁湖，在三山门之西。“志”称卢莫愁家此。“乐府”云：“莫愁在何处，

① 嘉庆本作“暇”，此处误刻。

② 《金陵览古》原文，上有三字，即“又南径石城门”。又，此处引文，并非一字不讹完全忠实原文。

莫愁石城西。艇子打两桨，催送莫愁来。”明时为中山王园亭，澄波清澈，素气若云，弱柳映堤，丝杨被浦，山色湖光，荡漾几席，最为佳观也。注云：按“乐府”《莫愁乐》二曲，其一曲云：“莫愁在何处，莫愁石城西。艇子打两奖[①]，催送莫愁来。”其一曲云：“闻欢下扬州，相送楚山头。探手抱腰看，江水断不流。”《唐书·乐志》[②]但云石城，言有女子，不□妓也。[③]又云：“石城在竟陵。”《舆地记》云：“竟陵有莫愁村。”余考“金陵志”亦不载有莫愁湖。及读其诗，又皆不言金陵。岂因有两石城，遂以讹传讹耶，抑金陵别有一莫愁也？按唐诗卢莫愁，疑[④]又是一人。“乐府解题”云，古歌亦有“莫愁洛阳女”。若是，古今当有三莫愁耳。诗载《诗证》。

金陵莫愁考

马士图

江宁府、县志俱载，三山门西，昔有卢莫愁家此，故以名湖。“府志”[⑤]注又云：梁武帝歌“十五嫁作卢家妇”，未知即此莫愁否？按武帝，兰陵人，都金陵，作《河中歌》[⑥]，如“河中之水向东流，洛阳女儿名莫愁。……

---

① 嘉庆本作“桨”，此处误刻。
② 此处当指《旧唐书·音乐志》。
③ 此句中“言”字当为衍字，“□”字，当为“言”字，漏刻。嘉庆本无此错。
④ 据《金陵览古》，原文无“疑”字，当为衍文。
⑤ 此府志当指《康熙江宁府志》。
⑥ 全称《河中之水歌》，后同。

十五嫁作卢家妇，十六生儿字阿侯。……人生富贵何所望，恨不早嫁东家王。”等句。盖言莫愁本洛阳女，远嫁金陵之卢家为妇，譬犹水流向东，无返之日。知洛阳、金陵，只一莫愁也。如唐沈佺期《古意》诗，刚[①]是《河中歌》注解。诗中言，良人远戍白狼河北，佳人独处丹凤城南。凤城，指帝城。按刘宋时，北魏远都山西平城，当时帝城非金陵而何？予谓莫愁远嫁金陵者因此也。又，《广舆记》记载，竟陵石城莫愁村，在汉江西。卢家有女名莫愁，善歌舞，尝召入楚宫。此，另一莫愁，是卢家女，非卢家少妇也。按：楚宫，惟列国时有。楚都郢，即今荆州府江陵县，与莫愁村甚近，宜其尝召入宫。夫列国之楚，在秦、汉之前；南国之宋，在吴、晋之后。相隔数百载，何得谓是一莫愁乎？况□[②]陵石城，乃晋羊祜所建，而列国之莫愁，生前不知有秦、汉，安得见数百年后羊祜之石城耶？故予谓卢女、卢妇，名同实异，不待辨而知为二美矣。宋无名氏“乐府”云：“莫愁在何处，莫愁石城西。”直指石头城无疑矣。不然，唐韦庄何以《忆昔》诗云“南国佳人字[③]莫愁。”宋周美成何以《金陵怀古》词云：“断崖树犹倒倚，莫愁艇子曾系。空余旧迹。[④]”彼二公者，岂无确见而云然哉！

---

① 似为“则”字之误刻。
② 此处缺字，当为“竟”字，嘉庆本未缺。
③ 原诗作“号”。
④ 此句未完，原词此句是“空余旧迹郁苍苍，雾沉半垒”。

莫愁非妓辩

马士图

府、县志载，昔有妓卢莫愁，居湖畔。夫古人之妓，家妓也，女乐也。如谢太傅、白太傅携妓游山，不过借歌舞侑觞，原非妻妾可比。近代之妓，青楼人也，徒荐枕席而已。按梁武帝《河中歌》称洛阳女嫁作卢家妇、生儿阿侯等句，既云嫁、云妇，又云生儿，且非桃叶、樊素之比，讵可以妓目之乎？惜当时卢家家世未详，以致唐突如此。若烟花贱质，安能迎邀九重之歌咏乎？再观沈佺期《古意》一篇，想莫愁虽身处富室，夫戍边城，貌美独守，人争钦惜，非徒艳羡而已。倘是妓女，又何钦惜之有哉？况历代诗词皆未有言妓者，不知此字何人作俑也？前江宁令袁太史枚修志时，未忍明指前贤之失，惟将妓字删去而已，此忠厚之道也。今予亦概为删去此字，庶不使南国佳人抱恨于千载之下焉！

莫愁湖志卷四

金陵马士图榆邨辑著

画社

莫愁湖丹青引有序。用杜少陵《丹青引》原韵。

庚午五月七日，张白眉、朱羽士岳云、金仙峦、何春圃招金陵善画诸同人，集华严庵内胜棋楼，结丹青雅社，凡三十三人，即席各作一帧，张之壁上，以永其传。爰赋长句，用纪胜地盛筵，并胜友盛事云。

四杰招客写龙孙，载酒晓扣莫愁门。与可子瞻骑龙去，萧萧清影人间存。崔春泉、周月溪、释竹居及余先写竹。董巨徐黄都来集，纵横笔阵张三军。老衲忽指湖山暗，惊看几席生烟云。夜郎太守笔罕见，嘉陵山水呈金殿。卖画归来辞好官，风流曾识谪仙面。胡晚晴先生作山水。昔官遵义府，即唐时夜郎地。曾捐俸修怀白堂。今朝对景作湖图，岸柳汀花杂竹箭。砚北劲敌三少年，笑比蜀魏吴争战。朱赤城、方龙眠、岳云皆作山水。柳丝曾系先帝骢，武宁遗像生时同。一枰龙虎戏赌胜，高楼千载生英风。楼供徐中山王画像，郁金堂供卢莫愁画像。谁绘卢姬娇小态，歌声恍起银屏中。有客欲和吹紫玉，惊残香梦南朝空。巢县唐雪江丈、同里汪云根、春泉皆作人物。杭州章渠宾画蟹毕，吹洞箫。调脂戏墨溪藤上，翩翻花叶春相向。白蝶黄蜂无数来，抱花欲采生惆怅。僧舍图成湖上悬，分明镜里留空相。蔡孝廉琴叔，韩奕山，刘素园，吴兰坪，曹羲池，卞云士，珊青，周竹恬，朱鲁南，司马秀谷，雪江丈，月溪，白眉，仙峦，春圃，羽士沈兰皋、许淡居，释鹰巢、雪蕉各作墨卉，或著色花鸟。惭余嗜写瘦竹枝，对此群芳气先丧。岂但名流笔有神，楼头欢聚情皆真。诗成歌发天欲暮，卢家霁月来亲人。姚献林，车秋舲，陈菊农，鲁南，白眉，渠宾，释松亭、恒峰互相弹琴赋诗度曲。朱荷绕筵珍馔盛，万钱翻笑何相贫。清淡[①]豪饮俨修禊，疑是六朝人后身。是岁，此篇已刊入余《三山二水豆花庄诗钞》。

金陵同人姓名录

朝[②]太守钟，字山音，号兰川，又号晚晴居士。善山水，兼四体书法，工诗，精鉴别金石书画，富收藏。

蔡孝廉之铭，号琴叔。善写意花卉，兼行楷书。

张茂才迺耆，字寿民，号白眉。雪鸿明府令侄。善兰竹、花鸟，能书。

周茂才宝侯，字月溪，又号二石居士、红杏邨樵。善写竹石、泼墨山水，工诗词。

朱赤城霞，善山水、竹石、花卉。

唐丈雪江，善山水、人物、翎毛。巢县人。

章渠宾瑞，善吹洞箫，爱画蟹。西湖人。

崔上舍溥，号春泉。筠谷先生令嗣。善人物、花鸟、八分书。

① 嘉庆本作“谈”，应是。

② 应为“胡”字之误刻。

朱鲁南沂，善兰石、花鸟，能书。

金上舍坡，号仙峦。善写意花卉。徽州人。

汪茂才本源，号云根。善细笔人物。

卞茂才文焕，号云士。善著色花卉，兼行楷书。

陈菊农昌绪，善琴。爱莫愁山水，家于湖滨。

何上舍林，号春圃。善写意花卉、翎毛。绍兴人。

刘素园芳，善山水、花鸟。

吴茂才藻，号兰坪。善写兰，兼行楷书，工诗词。

周上舍林福[①]，字祺五，号竹恬。善写兰，兼著色花卉，工诗词，能书。

卞珊青煦，弱冠。善花卉、翎毛，能书。

忠祐王庙释文一，号竹居。善兰竹。

承恩寺方丈定志，号鹰巢。善指头墨戏，工诗。刊有《据梧集》，又《承恩寺诗存》。

又，雪蕉，善写梅。

麦浪舫羽士朱福田，号岳云。善山水、菊石，工诗。刊有《岳云诗钞》。

华严庵释恒峰，弟子本福，皆好客爱诗。曾刊《莫愁湖风雅集》行世。

以上，皆居江宁。

韩茂才炎，号奕山。善兰石、花草。

方上舍山，号龙眠。善山水、兰竹，兼行楷书。

---

① 嘉庆本作“介福”，后文《莫愁湖词证》中，亦作介福，应是。

曹上舍森，字大木，号羲池。善山水、花鸟，兼八分草书、铁笔。

姚茂才森，号献林。善琴。

车茂才持谦，号秋舲。能书，工诗词。刊有《遂园雅集诗钞》。

司马秀谷钟，弱冠。善写兰石、花卉。

四松庵释弥朗，号松亭。工诗。新买钵盂山半峰，辟园于土[1]。

飞云阁羽士沈春龄，号兰皋。善写菊花，爱吹洞箫。

飞霞阁羽士许静宇，号澹居。善写兰花，爱吹笙。

以上，皆居上元。

是日，同人因雨阻而未得入社者，补录姓名于后，以志吾乡绘事之盛，无过于今。

侯孝廉云松，号青甫。善著色花卉，兼行楷书。

蔡太史世松，字伯乔，号听涛。工诗，善行楷书，精鉴别金石、书画，富收藏。

温明经肇江，号翰初。善山水、行楷书。

董上舍斯寿，号松门。观桥中丞令嗣。善写兰竹，兼行楷书，工诗。

骆女史绮兰，字佩香。善没骨花卉，兼行楷书，工诗。刊有《听秋轩诗集》。句曲人。

饶茂才曙，字东生，号爽轩。工诗，善行草书，精鉴

---

① 嘉庆本作“上”，应是。

别金石、书画。

哈月林桂，善山水、花卉，工诗。

朱补堂铭，善人物、兰竹、花卉，能书。

马茂才梦魁，号伯梅。工诗，善篆书、铁笔，精鉴别。

艾石船德，善人物、著色花卉。

苏眉山濬，善山水、花卉。

吴敬庵捷，弱冠。善山水、花鸟。

隐仙庵羽士王至淳，号朴山。善写梅，能书，工诗词、围棋。

又，严地山，善琴。

又，张夔堂，善琴。

永济寺释一叶，号栖碧。善竹菊，能琴，工诗。刊有《据梧集》。

以上，皆居上元。

端木孝廉焯，号云樵。善山水，兼行楷书。

伍明经封君光瑜，字孚尹，号屏秋。善米家书法，工诗。爱丹青，尝延画师，授诸令嗣。

［伍］①明经长龄，字仁英。善著色花卉、翎毛，兼行楷书。

［伍］探花长华，字云卿。善写意花卉，兼行楷书。

［伍］国子监学正长恩，字芝山。善写花卉，兼行

① 自此，以下五则，原本俱省“伍”字。

楷书。

［伍］ 茂才长松，字侣乔。善著色花卉、翎毛，兼行楷书。

［伍］ 茂才长馨，字桂山。善著色花卉、翎毛，兼行楷书。

张孝廉德凤，号梧岗。善写意山水，兼行草书。

张副车迺轩，号虎儿。雪鸿明府令嗣。善兰竹、花卉，兼行草书。

张茂才云鹏，号松庵。雪鸿明府令侄。善山水、花鸟、人物。

刘上舍凤诏，号在竹。善著色花卉，工行楷书。

鲍茂才淳，字钧辉，号漱石。工诗词，精韵学。

孙上舍龄，号虎溪。善山水，工诗。刊有《钟山游草》。

［孙］①上舍继曾，号莲亭。虎溪令嗣。善写兰，兼著色花卉。

谈明经承基，号念堂。工诗。刊有《据梧集》。晚年，爱中山王旧园松石奇古，罄囊购得园之一角，颜曰“石禅精舍”，移家于内。

杨茂才天璧，号宿庭。善山水、竹石，兼行楷书。

孙茂才芹，号楚葵。善写墨梅。高淳人。

王上舍霖，号春波，善山水、人物、花卉，能书。

① 此处，原本省略“孙”字。

项在田文明，星甫先生令嗣。善人物、花卉，能书。

贺明府隆锡，号晋人。善山水、人物，能书，精鉴别，富收藏。山西人。

项秋竹绂，善人物，精传神，能书。

陈丈太占，善山水、花卉。家于雨花山北止园，常客吴越。

金上舍大源，字春江。善行书，精鉴别，富收藏。

［卢］①上舍焯，号书船。善山水、松石，兼小楷、铁笔。有《日课编》《印谱》行世。精鉴别。浙江宁波人。

［卢］主簿堃，号光溪。候补江宁书船先生令嗣。善著色山水、花鸟。

杨上舍恕，号西溪。善人物、花鸟，精鉴别。西湖人。

杨上舍昌绪，号补凡。善山水、花鸟，兼行楷书。百菊溪制军聘为上客。苏州人。

顾茂才鹤庆，号嵀庵。善山水、竹石，兼行楷书，精鉴别，工诗，好游。刊有《天台游记》。丹徒人。

伍丈凉园，善吹洞箫，兼篆书，精鉴别。

伍上舍福，号诒堂。善写意山水、行书，精鉴别。

郑子俊廷杰，弱冠。善竹石，兼著色花卉，工行楷书。

程达人璋，弱冠。善山水、人物、花鸟，精传神。

---

① 自此，以下二则，原本俱缺姓，嘉庆本第一则有“卢”字，第二则省“卢”字。

上官礼堂尔恭，竹庄先生之裔。善行书，精鉴别。

崔香坪桂，筠谷先生令孙。善松竹、花卉。

张学耕淳，善山水、人物，精传神。

谢上舍长旭，号晓屏。善著色花卉。

汪石圃垕，善山水、人物。

张竹君国祥，善琴。爱居湖滨。

释晴江，善弹琴。扬州人。

鹫峰寺释梵果，善写兰竹。

普惠寺释畅如，善琴。

瓦官寺释得明，善琴。

以上，皆居江宁。

下册

郁金堂诗、词证小引

湖志《文考》草创既成，虑览者未能惬望，愚[①]就案头诸家诗词各集，凡有关于金陵莫愁者，广为搜辑，共得若干首，绘像题景，以补斯志之不足，即名曰《郁金堂诗证》，而词亦另附于后。夫“诗、词证”云者，乃历来才子之作，传诵既久，确凿可据。今自我辑而刊之，既已证明于已往，兼可释疑于将来。篇后间缀鄙见数言，无非发明作诗之旨，欲使卢家少妇与此湖并传不朽耳。第恨家贫书少，闻见无多，挂漏之讥，定所不免。尚望海内传[②]雅君子，扩而充之，或抒新咏，或采旧闻，藉以最予之所不能证、不及证者，以便刊续于后。将见书成盈尺，微独莫然[③]有知，嫣然含笑，抑亦士图编斯志之厚幸也夫！[④]

① 嘉庆本作“爰”。
② 嘉庆本作“博”，此处误刻。
③ 嘉庆本作“愁”，当是。
④ 此文为手写体，文后有“鞠邨”“士图”两方印章。

卢莫愁小像

郁金堂八景

马士图[1]

湖上前后八景，皆就名人题咏借出，郁金堂据一湖之胜，岂可缺如？触目生情，亦拟八景，缀以小诗。若论工拙，有愧前贤已。

波镜窥容

十二金钗插满头，美人粧罢似含羞。
菱花贴水凭栏照，不借珊瑚树作钩。

月梳掠鬓

淮水西流妾不如，几时重返洛阳居？
杏花楼上香云乱，新月催粧曲作梳。

山黛描眉

骑鹤遥穿花柳烟，扬州人去几时还？
波光如镜山如黛，画就双蛾且自怜。

莲粉凝香

璧月犹明玉露浓，鸳鸯同梦叶西东。
晓风帘幕香生水，睡起莲腮晕粉红。

---

① 原本只在《波镜窥容》下署名，其实《郁金堂八景》皆为马士图所作，故署名提前至总题。

莺簧偷语

草痕山色镜中生，二月东风暖凤城。
巧舌如簧圆呖呖，隔花疑唤阿侯声。

柳丝织恨

忆昔採桑南陌头，故乡春色逐东流。
回文欲倩垂杨织，风挽情丝机上柔。

秧针倦绣

花片飘红入野烟，闺中初觉日如年。
绣床斜倚人何在，针线抛残湖畔田。

燕剪裁绮

拂柳穿花入绣帏，并州刀怏[1]燕低飞。
十年梦绕狼河北，箱锁晴霞嫁日衣。

① “快”字之误刻。

莫愁湖志卷五

金陵马士图㮾邨辑著[1]

郁金堂诗证

莫愁乐宋乐府

无名氏

莫愁在何处，莫愁石城西。

艇子打两奖[2]，催送莫愁来。《江宁府志》

石头城，又名石城。诸葛武侯至江东云：钟山龙蟠，石城虎踞，此帝王之都[3]也。

闻欢下扬州，相送楚山头。

探手抱腰看，江水断不流。

楚山，金陵战国时属越，后属楚。楚威王因其地有王气，埋金镇之。地当楚尾吴头，又名东楚。

河中之水歌

梁武帝

河中之水向东流，洛阳女儿名莫愁。

---

① 原本缺署名，据全文安排而补之。

② 嘉庆本作“桨”，此处误刻。

③ 《太平御览》引张勃《吴录》：“刘备曾使诸葛亮至京，因观秣陵山阜，乃叹曰：‘钟山龙蟠，石城虎踞，帝王之宅也’。”

莫愁十三能织绮，十四采桑南陌头。
十五嫁作卢家妇，十六生儿字阿侯。
卢家兰室桂为梁，中有郁金苏合香。
头上金钗十二行，足下丝履五文章。
珊瑚挂镜烂生光，平头奴子擎履箱。
人生富贵何所望，恨不早嫁东头王。

《江宁府志》，又《古诗源》

郁金香，生罽宾国，花似芙蓉，叶如兰蕙。

士图按：武帝此歌，直指刘宋时洛阳美女名莫愁者，远嫁江东之卢家。借河流东来不返，譬其独离乡土。李松云太守《棹歌》云“洛阳风景逊昇州”，亦发明远嫁之意。歌末谓，虽处富贵，欢会实稀，何如早嫁故乡之东家为得所也。唐王建《远将归》云：“但令在家[1]相对贫，不向天涯金绕身。”似本于此。

古意呈补阙乔知之

唐沈佺期

卢家少妇郁金堂，海燕双栖玳瑁梁。
九月寒砧催木叶，十年征戍忆辽阳。
白狼河北音书断，丹凤城南秋夜长。
谁为含愁独不见，更教明月照流黄。《全唐诗录》

流黄，罗绮之类。《古乐府》云：“大妇织罗绮，

① 原诗作“舍”字。

中妇织流黄。”王尧衢《古唐诗合解》云：“此戍妇之辞。”

士图按：题曰《故[1]意》，指刘宋莫愁而言，分明是《河中之水歌》注解。白狼河北，乃良人远戍之所。考北朝魏，此时远都山西平城，丹凤非金陵都城而何？

忆昔

韦庄

昔年曾向五陵游，午夜清歌月满楼。
银烛树前长似昼，露桃花下不知秋。
西园公子名无忌，南国佳人字莫愁。
今日乱离俱是梦，夕阳唯见水东流。《唐诗英华》

焦竑《笔乘》[2]云莫愁为南国佳人，此实语也。《唐诗英华·注》

莫愁曲

李贺

草生龙坡[3]下，鸦噪城堞头。
何人此城里，城角裁[4]石榴。
青丝系五马，黄金络双牛。

---

① 嘉庆本作《古意》，此处误刻。
② 书名全称《焦氏笔乘》。
③ 李贺原诗“龙坡”又作“陇坂”。
④ 嘉庆本作“栽”，应是。

白鱼驾莲船，夜作十里游。
归来无人识，暗上沉香楼。
罗床倚瑶瑟，残月倾帘钩。
今日槿花落，明朝桐树秋。
莫负平生意，何名何莫愁[①]。

无题

李商隐

重帏深下莫愁堂，卧后清宵细细长。
神女生涯原是梦，小姑居处本无郎。
风波不信菱枝弱，月露谁教桂叶香。
直道相思了无益，未妨惆怅是清狂。

古乐府《青溪小姑曲》：“开门白水，侧近桥梁。小姑所居，独处无郎。”

士图按：此诗用小姑陪少妇，二美同乡，不言而喻矣。

和人有感

吴融

莫愁家住石城西，月坠星沉客到迷。
一院无人春寂寂，九原何处草萋萋。
香魂未散烟笼水，舞袖休翻柳拂堤。

① 李贺原诗又作“若负平生意，何名作莫愁”。

兰棹一移风雨急，流莺千万莫长啼。《江宁府志》

莫愁湖

明榜眼余孟麟幼峰

湖值城西处，卢姬不可招。
花钿遗五浦，柳黛送双桡。
种石高凭槛，飞波曲跨桥。
琵琶声乍断，流恨碧天遥。《金陵雅游编》

又

前人[①]

名湖今复作名园，乌榜依然白下门。
画桨菰蒲通酒屿，彩云楼阁榜[②]花源。
风回珠幕鸣[③]丝出，日映璇题赐额存。
更是美人歌舞地，年年春雨长芳荪。《江宁府志》

莫愁湖

状元焦竑弱侯

水阔菰蒲净，城开睥睨斜。
怀人倚高阁，落叶见平沙。

① “前人”意为本诗与前一首诗作者为同一人，古书通例，下同不注。
② 嘉庆本作“傍”，此处当为误刻。
③ 嘉庆本作“鸣”，应是。

眉黛余山色，钿金但野花。

徘徊湖上月，一倍惜芳华。《江宁府志》

莫愁湖

状元朱之蕃兰嵎

城下春湖湖上楼，楼头山色枕清流。

王孙游倦蘼芜合[①]，卢女歌残暮蔼浮。

永昼风和眠岸柳，澄波鱼跃起汀鸥。

吴宫晋苑空云树，斗酒平消万古愁。《金陵雅游编》

莫愁旷览

前人

漫将西子比西湖，卢女声称擅帝都。

胜境因人传往事，澄波生色写山图。

虚亭杰阁堪舒抱[②]，白月青樽可共娱。

听取莫愁愁尽遣，直须渔艇隐菰蒲。《金陵图咏》

和朱兰嵎莫愁湖旷览原韵

陪京奉常杜士全完三

三山门外莫愁湖，湖水汪洋绕旧都。

想像当年倾国色，分明挂幅浣纱图。

波心月照晴堪赏，楼外烟光雨亦娱。

① 嘉庆本作“合”，此处当为误刻。

② 嘉庆本作“抱”，《金陵图咏》亦作“抱”，此处或为刻工之“生造”。

携酒名园欢未足，扁舟还拟泛菰蒲。《春星堂集》

莫愁湖

探花顾起元太初

荡漾平湖玉镜光，群峰环带画螺长。
酒人楼隐千波阔，溪女船回一水香。
鸥梦不离捐珮渚，燕泥还上郁金堂。
石城人去遗芳在，谁忆双鸳向洛阳。《江宁府志》

又

艇子谁为载莫愁，湖光潋滟坐销忧。
天垂菡萏千霞入，地隐陂塘六月秋。
树杪楼台开罨画，镜中鱼鸟对沉浮。
医[①]然林木关幽意，好着荷衣买钓舟。《金陵雅游编》

金陵杂感

余怀澹心，江宁人

六朝佳丽晚烟浮，劈阮弹筝上酒楼。
小扇画鸾乘雾去，轻帆带雨入江流。
山中梦冷依贞白，湖畔秋残倚莫愁。
吴殿金钗梁苑鼓，杨花燕子共悠悠。《明诗别裁》

① 繁体字为“醫”，通“翳”。嘉庆本作“翳”，当是。

莫愁湖

诸生顾梦游与治，江宁人

卢家人不见，一面镜新开。
山远疑眉画，歌闻想珮来。
苇风渔艇出，波日酒船回。
醉欲呼孙楚，遗楼安在哉！《顾与治集》

桃花扇题词

国朝户部侍郎田雯山殭，山左人

江湖无赖弄潺湲，一载春风化杜鹃。
却怪齐梁痴帝子，莫愁湖上住年年。

秦淮杂诗之一

刑部尚书王士正阮亭，新城人

青溪佳丽，白下冶游，空存小姑之祠，无复圣郎之曲。渡名桃叶，怀王令之风流；湖近莫愁，忆卢家之旧事。高卧邀笛之步，偶成击钵之吟。调类清商，语多杂兴。以所居在秦淮之侧，故所咏皆秦淮之事云尔。

潮落秦淮春复秋，莫愁好作石城游。
年来愁与春潮满，不信湖名尚莫愁。《本事诗》

江南曲

按察使宋琬荔裳，莱阳人

白苹吹满莫愁湖，轻雨轻寒乍有无。

翡翠帘栊春不卷，数枝杨柳已藏乌。《六家诗钞》

新秋独游莫愁湖上望石头城

赞善赵执信秋谷，益都人

殷勤江南春，慰我远为客。
东风引游心，忽落城西陌。
湖光漾微晴，山意动心碧。
偶容亭榭连，遥喜舳舻隔。
岸柳郁未舒，水烟澹逾积。
飘荡两蜻蜓，凋残几家国。
地形长虎踞，鼎兆屡龟坼。
峨峨帝王业，瓦石同狼藉。
天子与佳人，俱供后叹息。
兵戈或取快，粉黛乃增惜。
宴坐歌无愁，酒徒信良昼。
跂足傍渔庵，沙禽飞格磔。《六家诗钞》

江南曲

冯班定远

春风一夜吹江色，千里细烟生乱碧。
草芽纤细遍金陵，古石苔荒江令宅。
年光岁岁常如此，千烧万战台城圮。
鸱尾尘埋三阁平，张九销亡二周死。
石头城下水悠悠，暗数兴亡得几筹。

山川不改繁华在，两桨依然迎莫愁。

莫愁湖

朱卉草衣，芜湖人

一水盈盈碧，知名自莫愁。
春波明匣镜，新月漾帘钩。
鸥影沙边路，箫声柳外楼。
美人在何处，青草满芳洲。

莫愁湖

汪震来

湖名不改莫愁时，无复笙歌泛酒卮。
晓日芙蓉凝粉面，春风杨柳忆腰肢。
舟维古岸惊新垅，人指荒榛说旧基。
惟有牧樵长不绝，时时歌咏出沦漪。

社集拈得莫愁旷览

屈景贤思齐，江宁人

澄湖一望水云空，湖上烟波思不穷。
幽客到来芳草绿，美人何在藕花红。
城延野色浮林外，山送岚光落镜中。
谁倚轻桡歌艳曲，几回凄断向秋风。

湖上

屈大均翁山，岭南人

春草接姑苏，春烟望渐无。

愁心与春水，流满莫愁湖。

江东门怀古

赵开雍五絃

歌舞台空迹已更，莫愁湖水尚盈盈。

英雄消歇知多少，红粉犹传身后名。

金陵怀古

虞景星上虞

南渡君臣类狢邱，生生何苦别薰莸。

正阳跃马无标则，孔嫔飞笺少校雠。

木末亭前生杀气，胭脂井内死风流。

石城西去湖光好，双桨催来送莫愁。

以上七首，载《江宁县志·爵里》，未能尽详。

莫愁湖

余宾硕鸿客，黄石人

石头城下莫愁湖，四面云山入画图。

春水涨时双桨去，夕阳垂处一峰孤。

佳人自解调鹦鹉，游子偏能唱鹧鸪。

闻道南州征战后，至今啼杀白门乌。《金陵览古》

追忆莫愁湖纳凉

进士郑燮板桥，兴化人

江上名湖号莫愁，纳凉先报楚江秋。
风从绿若梢头响，云向青山缺处流。
尚忆罗襟沾竹露，可堪清梦隔沙鸥。
遥怜新月黄昏后，团扇佳人正倚楼。《板桥诗钞》

登胜棋楼望莫愁湖

上舍陈毅古渔，江宁人

高阁推窗落日红，凭阑双袖饱西风。
秋容太瘦草痕澹，江气上浮山色空。
杨柳纷飞孤艇外，芙蓉寂寞晚烟中。
美人莫使闲愁老，一镜湖光照未穷。《古渔诗概》

莫愁湖

上舍陈兰式壶，溧水人

归鸟纷飞破雨痕，孤舟访古泊渔村。
照人水湛玻璃色，栖燕梁销玳瑁魂。
柳线绾春余缱绻，菱花倾月弄黄昏。
郁金香剩堂何在，环珮还来夜扣门。

乾隆癸丑初夏，重修莫愁湖，棹歌二十首

江宁太守李尧栋松云，山阴人

石城门外莫愁湖，无复年时旧酒垆。

怪底冶春人不到，僧楼半是劫灰余。一
华严庵旧毁于火，只余胜棋一楼。

风芦聒聒草萋萋，隔断江潮只一堤。
可惜石城多艇子，无人划入碧琉璃。二
百顷澄潭镜面平，远峰都学画眉横。
湖山如此谁消受，合让千秋佳丽名。三
乐府谁家唱阿侯，洛阳风景逊昇州。
生憎湖水千年碧，只洗繁华不洗愁。四
茭瓜塘里芦花飞，茭瓜塘外鱼苗肥。
积起葑泥占湖面，北圩田似水田衣。五
渔兄渔弟输鱼税，尚属前朝魏国家。
传说君臣闲赌墅，子孙犹自向人夸。六
凤台园圮寺门荒，十庙鸡鸣画壁亡。
留得一湖汤沐邑，不随棋局换沧桑。七
楼奉中山异姓王，亭当少妇郁金堂。
但教香火因缘在，儿女英雄孰短长。八
清凉山色全当面，四百楼台半隔城。
一幅李将军设色，画成风景压南京。九
侬家桃叶渡头住，不识城西有此湖。
正似佳人在空谷，无郎居住太羁孤。十
黑阑干子白藤床，小走舱还大走舱。
生意一年乘热水，游船都泊板桥傍。十一
日日秦淮富管弦，烟花可似旧时妍。
如何此处清幽甚，只有渔船与酒船。十二

东望钟山翠障开，南看木未[1]雨花台。
隔江九里山明灭，也逐风帆叶叶来。十三
楼外楼高画槛横，华严弹指现空明。
神光离合凌波步，不怕江干鬼脸城。十四
妾似湖心凝不流，郎如江上往来舟。
莫愁未必无愁思，不见欢来也自愁。十五
城上乌啼月落迟，卖鱼人坐小瓜皮。
比邻更恼僧寮静，临水家家养鸭儿。十六
壁[2]月庭花唱寂寥，景阳宫井已香销。
烟波不管倾城恨，长与青山送六朝。十七
显晦无端定有因，楼台过眼等烟云。
问他曾到西湖客，学得西湖有几分？十八
莫愁归路隔严城，觅渡桥头灯火生。
只隔水西门半里，不妨泛月到初更。十九
络[3]缀亭台兴未豪，时时车马驻江皋。
衣香人影从今满，预卜湖边酒价高。二十

同人集莫愁湖上作

方正澍子云，歙县人

人生何自开笑口，只有清樽与良友。
萍踪易散囊常空，一生舒颜事亦偶。

① 嘉庆本作“末”，此处当为误刻。
② 嘉庆本作“璧”，应是。
③ 嘉庆本作“略”。

今喜抡才文苑开，新知旧识后先来。
健笔曹刘相伯仲，鸿词卢骆供舆台。
伟哉吾党二三子，好客耽诗世莫比。
不吝金钱肆广筵，豪情愧煞鄙夫鄙。
选胜林泉底处幽，三山门外郭西陬。
地偏市远尘嚣绝，集此可以酣清秋。
四出款邀传寸简，老子于焉兴不浅。
侵晨披衣亟赴招，迅若饿马趋刍栈。
弯环莎径通僧寮，佛殿朱门闭寂寥。
残棋一局杳无迹，赢得危楼占六朝。
飞甍高栋连云起，一桁青山一湖水。
日光澹澹烟濛濛，尽着诗人图画里。
蓼花荻叶声飕飗，湖名莫愁愁更愁。
安得此水化为酒，快意何必封王侯。
麟阁丹青鸾镜粉，而今毕竟谁增损。
闲谈一段是耶非，留与渔樵添话本。
磬出禅房鸟没空，夹衣凉透怯西风。
阑干倚尽人多少，岚彩波痕今昔同。
登临不必仍怀古，劫历红羊难悉数。
请看英雄暨美人，千秋谁免成黄土。
新秋难得集群英，雄辩玄言惣足听。
罩定一窗云不散，沙汀之树何青青。
岂让兰亭修禊会，沈吟想落遥天外。
未来已往两茫茫，佳景当前属吾辈。

吾辈才华迥轶伦，建安体格蓬莱文。
高怀逸致那可遏，兴酣欲草垂天云。
分曹促坐足芳谯，奇计策勋凭拇战。
漫道全无丝竹陈，风荷迴[①]闪摇歌扇。
一举芳醪累十觞，木樨四面吹天香。
墙根磁瓮纵横卧，宾主欢呼乐未央。
惜限严城难少驻，提携醉踏郊西路。
悬知此夕红泥亭，冷月来窥题壁句。

春日携大儿淳、侄樾过湖上，庵僧文光嘱题莫愁小像

茂才鲍燧林介夫，江宁人

六朝金粉旧风流，杨柳春深懒上楼。
怅望夫归归未得，枝头啼鸟漫钩辀。其一
湖光一片碧无痕，开到芙渠香气温。
叶底由他鸳并宿，湘帘不卷坐黄昏。其二
谁为卢家写莫愁，情思一缕上眉头。
那堪十载辽阳梦，捣月砧惊白下秋。其三
风帆来往楚江宽，日盻[②]征人岁易残。
妾志不殊冰皎洁，君身可似竹平安？其四

① 当为“迴”字之误刻，即今“回”字。
② 当为“盼”字之误刻。

湖上题画赠马椈邨

遵义太守胡钟兰川，江宁人

轻舟出郭载朝晖，洗砚湖流对翠微。
江北峰峦青落纸，墨花香绕玳梁飞。

春暮偕蔡丈芷衫、陈丈乐山游莫愁湖

明经朱钟质亭，新安人

金陵四月天气佳，群莺乱飞开杂花。
纷纷红紫斗春色，相邀湖上观芳华。
湖上佳名何所始，卢女莫愁居于此。
六朝金粉总销沉，惟有佳人化春水。
春光澹沲湖边楼，载酒酣歌楼上头。
鳞鳞石城森在望，况有钟山云气交沉浮。
白云在天尊在渚，江畔烟波足容与。
桃叶空传渡口歌，小姑不肯同郎处。
莫愁偏向湖中居，湖水湖山开画图。
日出高楼悬宝镜，月流沧海献明珠。
明珠宝镜年年有，人事蹉跎成白首。
家国由来怨绮罗，贤豪只合耽诗酒。
诗酒欢场彻夜稀，满湖明月送君归。
他时若上清凉顶，携手穿云入翠微。《谦山诗钞》

同绿村弟郁金堂题壁

茂才鲍淳漱石，江宁人

清凉山色近湖滨，黛染妆台对镜人。
湖既远争西子胜，肯从西子效眉颦？其一
辽阳何日返征鞍，丹凤城边独倚栏。
尺素不随鱼雁至，流黄空对月团栾。其二

前题

茂才鲍樾绿村，江宁人

美人曾此理新妆，湖水犹余脂粉香。
兄弟笑如双燕子，年年来觅郁金堂。
桂梁兰室昔应同，不见珊瑚挂镜红。
菡萏似怜人怅望，香来轻逐入帘风。

偕诸同人集莫愁湖

少尹袁通兰村，钱唐人

天际风帆历乱过，相思渺渺奈予何。
美人有梦随云散，名士如山入座多。
白藕花成秋世界，赤阑干护旧烟波。
谁将射鸭弓抛却，来喝流黄照月歌。

游莫愁湖放歌

女史骆绮兰佩香，句曲人

凉秋泛罢秦淮水，更摇双桨离城隅。

楼台高下忽金碧，太守重构游观殊。
柳岸飘风酒轩槛，菱歌唱晚来菰蒲。
金堂少妇去千载，海燕雕梁今在无？
岩峦碧似修眉扫，菡萏红疑笑靥舒。
金陵山水帝王气，亦以儿女传名区。
我来正值秋雨霁，水天一色琉璃铺。
戏登高台作鸾啸，鲤鱼跳浪龙抛珠。
尘世喧传古仙降，腰纫兰佩衣六铢。
岂知廿载零落客，云山故国归来乎？
对此茫茫百端集，明月万顷愁怀孤。
惭愧乌衣无片瓦，不若卢家留此湖。《听秋轩诗集》

秋日同兄妹游湖上作

女史方曜莲漪，桐城人

底须日日说工愁，但见明湖愁即休。
芳草绿侵堤畔路，夕阳红上水边楼。
旧题诗处笺无恙，谁奕棋时局未收。
莫负清游频徙倚，西山爽气作新秋。

同榊郜六弟湖上观剧

马士成馥田

荡样[①]波光几席流，莲花绕榭晚香浮。

① 嘉庆本作“漾”，此处当为误刻。

迹传优孟千年事，风送笙歌万岭秋。
眉月淡横烟际浦，柳腰低舞水边楼。
也知身世原如戏，偏向湖边吊莫愁。

莫愁湖

前人

负郭波千顷，笼堤柳万株。
峰峦连雉堞，围住小西湖。

松云同馆大兄招同袁香亭、张雪鸿游莫愁湖，爰作长歌

探花王文治梦楼，丹徒人

李侯守金陵，政城[1]逾三年。
欲与吾民共欢乐，乃浚莫愁之湖城西偏。
眉开黛影山入座，镜磨菱花水纳天。
微风皱縠春澹澹，新月卷箔秋娟娟。
上有百尺高楼矗云出，红亭绿榭相钩连。
此湖阅世几千载，六代风流殊未改。
雕梁一例燕双栖，乌衣飞去金堂在。
漫嗟桃李竟无言，须信江山真有待。
前朝中山异姓王，手提刀槊定四方。
君臣赌墅亦偶尔，却留佳话传词场。
昨宵李侯招我湖上饮，满壁新诗灿云锦。

① 嘉庆本作“成”，当是。

矧乃嘉宾尽豪翰，胸吐烟岚腾墨沈。
试教图写作屏风，画录从兹诧神品。
饮罢诸公听我歌，古今往复如旋波。
文章政事自不朽，英雄儿女亦复难销磨。
若非达者观物外，或嘲或咏谁与相婆娑？
寺钟鸣，漏鼓响，
吾曹归后山月朗，别有清辉动帘幌。《梦楼诗集》

湖上棹歌

茂才燕以均山南，江宁人

湖边原是女儿家，人去空余水一涯。
当日色香都占尽，且栽[①]杨柳莫栽[②]花。其一
最恼从前考据家，纷纷争说石头差。
不知何事干卿甚，替我来芟出色花。其二

初春登莫愁湖上胜棋楼，同陈古渔、何南园、张西浦、江紫田分赋

萧镇栎庄，上元人

农家渔舍接柴门，湖上风光别一村。
忆昔繁华归艳冶，只今钟鼓报晨昏。
山峰远带依城曲，莎草才生破水痕。
楼畔年年发新柳，不因春至暗销魂。《所知集初编》

①② 嘉庆本作“裁”，应是。

暮春湖上怀古

上舍孙龄虎溪，江宁人

到眼波光慰远思，金台策马仨归时。
春应有恨同人老，花却多情为我迟。
烟雨湖山六朝梦，英雄儿女一枰棋。
堤边赊月青莲醉，不见吾家旧酒旗。

莫愁湖歌①

太史姚鼐姬传，桐城人

四月春风犹未已，吹荡春②烟与湖水。
水上青山何所似？拥髻莫愁明镜里。
风生水轩三面回，白鹭凫鹥空际来。
三③光半入城囊括，湖影全将天荡开。
当轩俯仰人间世，莫愁尚得留名字。
座上山川处处奇，胸中今古时时至。
君不见，英雄谁似中山王，一枰昔对明高皇。
山阴墅赌谢太傅，肥牛亭赐张安昌。
徐氏至今取湖税，轶事传或非荒唐。
轶事纵传何必详？元勋极贵同泯亡。④
春水满时春草长，湖波滄滄漂夕阳。

---

① 《惜抱轩诗文集》中，原题作《金麓邨招游莫愁湖，偕浦柳愚、毛俟园、陈硕士醉中作歌》。

② 《惜抱轩诗文集》中，作“湖”字。

③ 《惜抱轩诗文集》中，作“山”字。

④ 《惜抱轩诗文集》中，句后尚有“运尽勋华亦鸟灭，时来屠贩皆龙骧”。

欲唤莫愁歌一曲，四座宾客各尽觞。
颠毛日夜生秋霜，何暇远计千载事，石室金匮传芬芳。

《惜抱轩集》

莫愁湖

明经冯震东少癯，滁州人

轻浪随风欲上楼，六朝人去水空流。
卢家少妇应多思，不唤无愁唤莫愁。

早春同陶竹桥刺史、吴竹西广文集郁金堂分赋

茂才周宝偀月溪，江宁人

东风吹解一壶冰，登眺湖楼万象澄。
迎槛波光斜照射，出城山色暮烟凝。
钓船有约来前浦，眠柳含愁瘦远塍。
一到一回题句去，都缘金粉感难胜。

夏日同黄秋舲、马椈邨两上舍纳凉于莫愁湖上

前人

郭外熏风五月凉，胜棋楼下水茫茫。
六朝金粉知何处，依旧烟波送夕阳。

登莫愁湖楼拟《莫愁乐》

观察唐仲冕陶山，善化人

我爱湖上游，频问石城渡。

不见艇子来，莫愁在何处？
少妇郁金堂，中山异姓王。
英雄与名媛，共此一湖光。
眉分湖外山，黛染湖边柳。
湖上夕阳酣，湖水化为酒。
暝色蒋山头，莫愁愁不愁？
开樽还对饮，新月挂西楼。

登胜棋楼眺莫愁湖

茂才马梦魁伯梅，上元人

湖楼今是梵王宫，多少繁华一梦中。
汤沐邑存棋局冷，郁金香剩镜台空。
潮来潮去朝朝绿，花落花开岁岁红。
依旧六朝山色在，曾看名媛与英雄。

莫愁湖

江宁司马联璧玉农，长白山人

郁金堂冷锁秋风，疏柳条条落照中。
漫对掠波双燕子，话残儿女与英雄。其一
漫说无愁是莫愁，春光一线锁红楼。
而今也作伤心地，秋水芦花尽白头。其二
三月莺花水不波，绿阴双桨载春多。
伤心剩有千秋月，还与湖光澹荡磨。其三
金粉零星惨作春，南朝台榭总成尘。

怪他一样生花笔，不吊英雄吊美人。其四

湖上呈通州都督汤渔村

马士图

战舰排云镇海门，鲸鲵也惮用兵神。
幸逢都督真名士，爱访金堂旧美人。
榻借僧窗眠抱月，樽浮渔艇醉吟春。
风流独继青莲志，捐俸湖山景又新。

松云太守去廿余载，湖面亭台无人补葺，渐就倾颓。都督因公寓此，慨然捐俸重修。未逾月，顿还旧观。

登胜棋楼望莫愁湖怀古①

堤柳斜飘风际丝，卢家春晚我来时。
鸥窥月影眠沙早，云拥钟声出阁迟。
一局烟波归燕颔，千秋名字让蛾眉。
江山佳丽推南国，谁谓西湖独擅奇。

春日偕黄秋舲、周月溪登胜棋楼作

杏蕊初红草半青，暖风吹上柳边亭。
枰移星斗棋声冷，湖隐蛟龙水气腥。
游子春愁何日了，美人香梦几时醒？
斜阳欲落疏钟响，笑指归云去忽停。

① 自本首至本卷末的诗作，作者俱为马士图，依原书，未署名。

同吴兰坪、刘素园买舟出西水关游湖上

淡日轻云麦正秋，钟鱼声里爱勾留。
新荷出水香千顷，高柳依阑绿半楼。
金粉闲愁梁燕老，沧桑小劫局棋收。
画船暂系官河岸，倒览湖光上石头。

秋兴用杜少陵韵八首之一

树杪高楼号胜棋，湖山往事底须悲。
地凭粉黛传千古，天遣英雄聚一时。
野水秋香莲蕊卸，夕阳风影客帆驰。
眼前烟景真堪赏，徙[①]倚阑干触远思。

和友人《莫愁春波》元韵

谁剪西湖一角幽，盈盈光映石城头。
沿汀芳草烟初湿，夹岸垂杨翠欲流。
白鹭潮痕堤外涨，紫金岚影棹边浮。
美人去后春无主，一缕波纹一缕愁。

湖上题画竹

闭门学画慚头白，偶向湖边写竹枝。
绝世莫愁曾梦见，相思翠袖倚何时？

---

① 当为“徒”字之误刻。

同鲍漱石表弟过郁金堂

芙蓉花发照波明，秋满湖楼逸兴横。
鸥鹭机忘阑畔客，君臣乐在水边枰。
西山木落清凉寺，东海帆归鬼脸城。
袅娜卢姬看不见，恨渠早向六朝生。

湖上题画寄客宣城黄秋舲上舍二截

灯红酒绿醉湖头，我借金钱为买舟。
转眼同游寻谢朓，北楼应忆胜棋楼。
江上青青九里峰，隔堤有寺片云封。
笑予翰墨缘都懒，合向卢家卧听钟。

湖上偶成

野鸥秋水阔，疏柳夕阳多。
欲伴王孙钓，披烟借破蓑。

病后同周月溪除夕湖上作

如此湖山二客游，任他尘事绪千头。
经年贫病逢除夕，绝代丰姿访莫愁。
楼上明霞翻舞袖，树间娇鸟啭歌喉。
老僧笑我痴难卖，且嗅梅香借茗瓯。

湖上杂咏六截

林峦冉冉绿生烟，小坐金堂雨后天。

春到江南才几日，桃花消息问婵娟。其一

清流见底插云峰，我忆金牛景略同。

争及莫愁亲住此，梳头临水镜花红。其二

曾借竹炉试新茗，漪澜堂畔听松庵。

九峰三泖游都遍，应逊卢家二水南。其三

峰峦泼翠压城明，雨散天光接水清。

一杖湖西觅孙楚，美人堂在酒楼倾。其四

年来愁病减清狂，闭户呼儿捡药方。

偶上石城舒老眼，芙蓉红上郁金堂。其五

斜阳秋草绿萋萋，水畔鞋香花满堤。

兰室而今傍兰若，多情佛看燕双栖。其六

莫愁湖志卷六

金陵马士图楠邨辑著

郁金堂词证

西河·金陵怀古

宋徽阁待制周邦彦美成，钱唐人

佳丽地，南朝盛事谁记？山围故国绕清江，髻鬟对起。怒涛寂寞打空城，风樯遥度天际。

断崖树，犹倒倚，莫愁艇子曾系。空余旧迹郁苍苍，雾沉半垒。夜深月过女墙来，伤心东望淮水。

酒旗戏鼓甚处市？想依稀王谢邻里。燕子不知何世，向寻常巷陌人家，相对如说兴亡，斜阳里。《草堂诗余正集》

“乐府”：莫愁在何处，住在石城西。艇子打两桨，催送莫愁来。[①]三山门外，有卢莫愁家此，至今名莫愁湖。《正集》[②]注士图按：美成此阕，题虽《金陵怀古》，意似专为莫愁而发。

前叚[③]用刘梦得是题诗意，暗点出石头城。中叚用《莫愁乐》意，暗点出石头城莫愁。末叚乃明点出莫愁家傍孙楚楼边，而湖近乌衣巷口。言之凿凿，与韦端

① 此处引用，第二句与原文有出入，详见前文。
② 即指《草堂诗余正集》。
③ 应是“段”字，后同。

己“南国佳人字莫愁”句吻合，洵足释洛阳、汉水之疑矣。

忆秦娥·莫愁湖

宋琬证见诗①

朱栏畔，莫愁娇小，曾相见。曾相见，翠蛾羞敛，半遮团扇。

画梁依旧巢双燕，藏鸦几度垂杨换。垂杨换，桃花临水，那时人面。《二乡亭词》

念奴娇·莫愁湖

郑燮见《诗证》

鸳鸯二字，是红闺佳话，然乎否否。多少英雄儿女态，酿出祸胎冤薮。前殿金莲，后庭玉树，风雨摧残骤。卢家何幸，一歌一曲长久。

即今湖柳如烟，湖云似梦，湖浪浓于酒。山下藤萝飘翠带，隔水残霞舞袖。桃叶身微，莫愁家小，翻借词人口。风流何罪，无荣无辱无咎。《板桥词钞》

摸鱼子·湖上同严道甫侍读作

茂才李葂瘦人，江宁人

爱平明、半湖烟水，秋光依旧如许。兰桡远掠芙蓉

① 应是“见《诗证》”，嘉庆本即如此。

外，三两钓船轻渡。肠断处，碧水[1]，依然不见卢家女。闲吟最苦，且漫说无愁，愁如波远，荡漾自来去。

登楼望，何必悲今吊古，临流应有佳趣。同来客子耽吟咏，惟我独伤离绪。闲记取，见旧壁、尘笺吾弟曾经赋。天涯闲阻，正芦荻花飞，茱萸节近，目断宝山路。（时兰村弟馆宝山学署。）《瘦人诗余》

踏莎行·游莫愁湖

鲍燧林见《诗证》

南国佳人，天生艳福，湖经千载名犹属。郁金堂杳玳梁空，寻踪倚遍栏杆曲。

山色拖蓝，波纹皱绿，芳容隐现凭湖目。花开并蒂亦多情，浓阴更护鸳鸯宿。

鹊桥仙·莫愁湖

孝廉史蟠伯卲，溧阳人

洗空金粉，消残歌舞，风月南湖非旧。一庭寒绿燕孤飞，问此际、莫愁愁否？

寻寻觅觅，清清冷冷，踏遍颓垣荒甃。忽然花送郁金香，定此处、卢家堂后。

① 依照词律，此句当缺一字。此词源自诗人《瘦人诗余》，已佚。

解语花·同人游莫愁湖

明经马光祖月川，上元人

夷光西子争丽，明圣同传，增许多声价。是真非假。卢家事，早有临渊羡者。花光红泻，已爱煞镜中台榭。万春园岂少风光，此地频飞斝。

记得萧梁佳话，说条桑南陌，织绮盈架。君王风雅，歌词艳，肯让文君司马？六宫多也。念十五，红颜娇姹。争怪他，才子情痴，不断肠怎罢？

凤凰台上忆吹箫·松云太守招集湖上

明府张敔雪鸿，江宁人

南国佳人，六朝名胜，无边风月湖头。叹尘空宝马，麝冷香篝。惟剩翠微山色，云烟绕，野水横秋。兹何幸，风流太守，景物重收。

凝眸，含毫拄笏，爱小憩荷亭，倚遍层楼。问玉人何在？芳字空留。一段[1]诗情画稿，摩拟处，意往神流。徘徊久，凉蟾乍出，斜挂帘钩。

意难忘·莫愁湖怀古

鲍淳见《诗证》

湖畔登楼。忆机中绮丽，陌上桑柔。桂梁巢燕侣，兰室秘鸾俦。惊北戍，怨东流。凭旧迹传留。试启窗，青螺似

① 应是“段”字。

髻，碧水如眸。

江环谢练遥浮。指帆来棹去，楚尾吴头。余香销荻浦，返照在渔舟。杨柳瘦，藕花稠，偏对此添愁。问曩时，棋赢几子，韵著千秋。

望海潮·莫愁潮①上题壁

茂才车持谦秋舲

秋荷憔悴，秋云黯淡，秋风吹卷寒潮。此日荆榛，当年指②粉，未应越样萧条。何处一声箫？忽兰因絮果，天半相撩。痴盻③芳魂，剪来风纸向空招。

生怜艳烬香销。剩摩登妙相，周昉能描马椈村曾摹莫愁小像，刊于《风雅集》④首。兰室鹃啼，金堂燕去，更谁双桨轻摇？青鬓不胜凋。又为伊荣落，愁过朝朝。甚欲无愁，再从湖上索愁消。

风蝶令·题莫愁小像

女史袁青黛华，钱唐人

芳侣寻桃渡，新声按草窗。佳人南国自生香。底要家乡抛却，恋他乡？

环珮春风远，湖山楚影荒。尚容海燕宿成双。谁共一

① 嘉庆本作“湖”，此处当为误刻。
② 嘉庆本作“脂”，此处当为误刻。
③ 当为“盼”字之误刻。
④ 全称是《莫愁湖风雅集》，清释恒峰等辑。后同，不再加注。

纤纤月，织流黄？

菩萨鬘·春日偕鲍漱石晴峰兄过湖上

茂才吴藻兰坪

晴丝袅袅飞难定，莺花三月撩人兴。帘影柳梢南，村垆酒半酣。

峰峦波底净，风软湖开镜。怀古上金堂，惊闻苏合香。

鹧鸪天·同漱石兄湖上观莲

鲍樾见《诗证》

毕竟名湖胜若耶，题经太守共停车。近赊孙楚楼边酒，来赏石头城畔花。

新缮葺，旧繁华，堂辉之碧耸檐牙。蒹葭秋水伊人在，一抹红妆趁晚霞。

踏莎行·莫愁湖秋泛

茂才汪度邺楼，上元人

雁猎凫香，鹭窥鱼梦，寒波划镜秋无缝。苹花一道暮催开，愁烟愁雨乌篷重。

露藕衣干，霜葭絮拥，是谁痴把愁根种？隔江山逗隔城山，螺痕恰趁妆楼送。

迈陂塘·湖上雅集

上舍周介福竹恬，江宁人

借湖楼，招邀名士，相逢互认宾主。岚光浪影随风起，洗尽半湖新暑。云一缕，向江北飞来，化作江南雨。天然画谱。漫洗砚惊鱼，拂笺驱蠹，朵朵笔花舞。

如萍聚，良会更番细数，烟霞自笑成痼。及时诗酒须行乐，鸿爪又添今度。凭栏语，君不见、青山无恙成今古。英雄儿女，尚输与吾曹，半螺水墨，好景共分取。

虞美人·借宿华严庵月下闻雁

马士成见《诗证》

碧空江月明如昼，北雁征霜候。可曾远渡白狼流，嘹呖数声，知到石城头。

僧房怕听三更后，我也眉双皱。湖云湖浪望悠悠，只恐千年叫起莫愁愁。

满庭芳·释恒峰嘱作《莫愁湖山水图》①，刊于《风雅集》首，题赠此阕②

江上峰青，城边潮白，清凉山抱名湖。波光磨镜，也爱照名姝。剩有红莲倚槛，斜阳香瘦柳阴疏。棋枰畔，闲鸥梦醒，那复问赢输？

---

① 《莫愁湖风雅集》题作《湖楼山水图》。

② 嘉庆本，题后署作者“马士图”，此后四首，据《莫愁湖风雅集》等，皆为马士图所作。

留题，来五马，梁空玳瑁，壁满珍珠。笑纱笼王饭后钟。初争似吾师雅谊，群贤万首独雕镂。叶间《鲁灵光殿赋》："龙桷雕镂。"惊弹指，华严阁现，教淡墨怎图？

南楼令·自题缩临中山王像

岚翠拥湖楼，群山拜冕旒。三百年、开国昇州。坊建大功联赐第，功第一，孰堪俦？

赌胜即神谋，楸枰绿映流。善将兵、忠压韩侯。万柄莲华香入手，休沐地，泽长留。

渔家傲·自题缩临莫愁像

鬟堕香云风为挽，波光偷照芙蓉面。西子湖疑分一半。卢家占，衫裁谢朓余霞艳。

天惜佳人春太短，片时千载昙华现。东洛嫁来愁不返①。休推远，名同汉水应难免②。

以上三阕，皆刊入《风雅集》前。填此予尚未考莫愁之出处。今既考明，内易数字。

虞美人·闺怨

绣床针线何时了？误却春多少。偷来湖上倚东风，照

---

① 此句，《莫愁风雅集》作"南国共生侬恨晚"，下注："唐韦庄句'南国佳人字莫愁'，明焦竑《笔乘》云莫愁为南国佳人，此实语也。"（按：《笔乘》此处引用不是原文，所谓意引是也。）

② 此句，《莫愁风雅集》作"名同楚洛应难免"。

见愁颜输与海棠红。

莫愁叹戍狼河外，愁共湖流在。离亭欢约早春归，岂料春光如许信音稀。

解语花·春杪同吴兰坪、鲍漱石表弟湖上茶话，用马月川夫子韵

云山围水，花柳笼堤，不减金牛价。伊人非假，临流际、更莫疑卢家者。愁怀难泻，且上这、千寻楼榭。放双眸、物外游心，不借人间斝。

知己冷吟闲话。看遥空紫绿，峰岫堆架。屏间风雅，惊才调、个个堪追班马。春光迅也，恐再到、栏边花谢。休问他、棋局英雄，胜败齐收罢。

补梦

马士图

庚午秋七月十二日晓，同车秋舲、曹羲池，暨羽士沈兰皋，买舟赴板桥浦，入小山，访单雪樵明经。归迟，不得进西水关，借宿于郁金堂上。喜晤陈弱侯孝廉、陈菊农、姚献林，听栖碧师弹《水仙操》。既而就寝，忽闻异香袭幕，隐隐湖波作环珮之声。予悄起倚栏，望见水月光中一艳妆美人，风鬟雾鬓，衣翠衫，曳红裙，背立于白莲花上。有垂⿱髟君[①]婢侍侧，眉目如画，手执奇花一枝，歌《莫愁乐》二曲。彼美侧耳徘徊，终不回顾，低向婢曰："他日，孙楚楼西沽春赊月，五六同心，非待彼凭栏者乎？"惊庵钟一杵，冉冉凌空而去。予醒，急白同人，皆不解莫愁梦中之语，反以予言为妄。

次日，遂用十五叠瞋字韵赋诗，寄雪樵，云："月照卢家僧舍邻，归舟不许渡关津。暂窥玳瑁梁间燕，忽梦郁金堂上人。风软柳眉疑展皱，露寒莲脸似生瞋[②]。湖天夜有携琴客，又约山阴探小春。"是岁，余已刊入

① 查无此字，当为"髫"字之误刻，嘉庆本即作"髫"。

② 似为"嗔"字之误刻。

《豆花庄诗钞》矣。

阅六年乙亥秋仲，邀表弟鲍漱石游湖上，话及借宿金堂，旧梦如昨。漱石忽拍案曰：“噫嘻，我知之矣！今君《莫愁湖志》著成将刊，而莫愁入梦隐语明矣！曩所谓‘孙楚楼西’，指此湖也；‘沽月’，‘湖’字也；‘五六’合十一，非‘士’字乎？‘同心’，‘志’字也。言他日为作‘湖志’，待梦中凭栏人也。”予闻之，惊喜如狂，惟望莫愁画像焚香，再拜而返。

叹人生文字因缘，亦有定数也！爰补是篇于志尾。

海如先生書被四裔有
盛名嘗好書一鶴字其
季子澤周乃能和之澤
周字今焦山僧壽之石
余詫其精能記鮑參軍
舞鶴賦云態有遺妍貌
無停趣此二語藉方斯
筆致爲逼肖云
京江李恩綬跋
合肥周家謙書

鶴

澤周洪承恩書

鸞

長沙黃翼升書

“南京稀见文献丛刊”
已出书目

14.《金陵世纪·金陵选胜·金陵览古》

（明）陈沂；（明）孙应岳；（清）余宾硕

15.《后湖志》 （明）赵官等

16.《金陵琐事·续金陵琐事·二续金陵琐事》 （明）周晖

17.《客座赘语》 （明）顾起元

18–20.《金陵梵刹志》 （明）葛寅亮

21.《金陵玄观志》 （明）葛寅亮

22.《留都见闻录·金陵待征录》 （明）吴应箕；（清）金鳌

23.《板桥杂记·续板桥杂记·板桥杂记补》

（明末清初）余怀；（清）珠泉居士；（清末民初）金嗣芬

24.《建康古今记》 （清）顾炎武

25.《随园食单· 白门食谱· 冶城蔬谱· 续冶城蔬谱》

（清）袁枚；（民国）张通之；（清末民初）龚乃保；（民国）王孝煃

26.《钟山书院志》 （清）汤椿年

27.《莫愁湖志》 （清）马士图

28.《秣陵集》 （清）陈文述

29.《摄山志》 （清）陈毅

30.《抚夷日记》 （清）张喜

31.《白下琐言》 （清）甘熙

32.《灵谷禅林志》 （清）甘熙、谢元福，（民国）佚名

33.《承恩寺缘起碑板录· 律门祖庭汇志·扫叶楼集·金陵乌龙潭放生池古迹考》

（清）释鹰巢；（清末民初）释辅仁；（民国）潘宗鼎；（民国）检斋居士

34.《教谕公稀龄撮记·可园备忘录·凤叟八十年经历图记》

（清）陈元恒，（清末民初）陈作霖；（清末民初）陈作霖，

（民国）陈祖同、陈诒绂；（清末民国）陈作仪

35–37.《南京愚园文献十一种》 （清）胡恩燮，（民国）胡光国 等

《白下愚园集》 （清）胡恩燮等，（民国）胡光国

《白下愚园续集》 （清）张之洞等，（民国）胡光国

《白下愚园续集（补）》 （清）潘宗鼎等，（民国）胡光国

《愚园宴集诗》 （清）潘任等

《白下愚园题景七十咏》 （清）胡恩燮，（民国）胡光国

《愚园楹联》 （民国）胡光国

《白下愚园游记》 （民国）吴楚

《愚园题咏》 （民国）胡韵蕖

《愚园诗话》 （民国）胡光国

《愚园丛札》 佚名

《灌叟撮记》 （民国）胡光国

38–39.《金陵琐志九种》 （清末民初）陈作霖，（民国）陈诒绂

《运渎桥道小志》 （清末民初）陈作霖

《凤麓小志》 （清末民初）陈作霖

《东城志略》 （清末民初）陈作霖

《金陵物产风土志》 （清末民初）陈作霖

《南朝佛志寺》 （清末民初）孙文川，陈作霖

《炳烛里谈》 （清末民初）陈作霖

《钟南淮北区域志》 （民国）陈诒绂

《石城山志》 （民国）陈诒绂

《金陵园墅志》 （民国）陈诒绂
40-41.《秦淮广纪》 （清）缪荃孙
42.《盋山志》 （清）顾云
43.《金陵关十年报告》 （清末民国）金陵关税务司
44.《金陵杂志·金陵杂志续集》 （清末民初）徐寿卿
45.《新京备乘》 （民国）陈迺勋，杜福堃
46.《金陵岁时记·岁华忆语》 （民国）潘宗鼎；（民国）夏仁虎
47.《秦淮志》 （民国）夏仁虎
48.《雨花石子记》 （民国）王猩酋
49.《金陵胜迹志》 （民国）胡祥翰
50.《瞻园志》 （民国）胡祥翰
51.《陷京三月记》 （民国）蒋公穀
52.《总理陵园小志》 （民国）傅焕光
53.《金陵名胜写生集》 （民国）周玲荪
54.《丹凤街》 （民国）张恨水
55.《新都胜迹考》 （民国）周念行，徐芳田
56.《金陵大报恩寺塔志》 （民国）张惠衣
57.《万石斋灵岩大理石谱》 （民国）张轮远
58.《明孝陵志》 （民国）王焕镳
59.《冶城话旧·东山琐缀》 （民国）卢前
60.《首都计划》 （民国）国都设计技术专员办事处
61.《总理奉安实录》 （民国）总理奉安专刊编纂委员会
62-63.《总理陵园管理委员会报告》 （民国）总理陵园管理委员会
64.《新南京》 （民国）南京市市政府秘书处

65.《京话》 （民国）姚颖

66.《南京概况》 （民国）书报简讯社

67.《骆博凯家书》 〔德〕骆博凯

68.《外人目睹中之日军暴行》 〔英〕田伯烈

69.《南京》 〔德〕赫达·哈默尔，阿尔弗雷德·霍夫曼